经济学基础

王 玮 孙雪梅 ◎ 主编

中国书籍出版社
China Book Press

图书在版编目（CIP）数据

经济学基础 / 王玮, 孙雪梅主编. -- 北京：中国书籍出版社, 2022.6
　ISBN 978-7-5068-9061-8

Ⅰ. ①经… Ⅱ. ①王… ②孙… Ⅲ. ①经济学-高等职业教育-教材 Ⅳ. ①F0

中国版本图书馆 CIP 数据核字 (2022) 第 107126 号

经济学基础

王　玮　孙雪梅　主编

责任编辑	姜　佳
责任印制	孙马飞　马　芝
封面设计	王昱雯
出版发行	中国书籍出版社
地　　址	北京市丰台区三路居路 97 号（邮编：100073）
电　　话	（010）52257143（总编室）　　（010）52257140（发行部）
电子邮箱	eo@chinabp.com.cn
经　　销	全国新华书店
印　　刷	青岛新华印刷有限公司
开　　本	787 mm × 1092 mm　1 / 16
字　　数	111 千字
印　　张	6
版　　次	2022 年 6 月第 1 版　2022 年 6 月第 1 次印刷
书　　号	ISBN 978-7-5068-9061-8
定　　价	30.00 元

版权所有　翻印必究

前　言

　　经济学是经济管理类专业的基础课，主要说明市场经济运行规律以及改善市场经济运行的途径。微观经济学主要研究个人及厂商效益最大化，宏观经济学主要研究一国整体经济发展及宏观经济政策。

　　本书根据高职高专教育的特点，以适应社会需要为目标，以培养技术应用能力为主线，提升学生的专业知识和职业技能。本书思路清晰、内容简洁、通俗易懂，案例分析能帮助学习者更好地理解理论内容，学以致用。

　　本书融入了编者多年的教学经验和成果，参考了若干国内外经济学经典教材，得到了出版社老师的鼎力支持，在此向所有参考文献的编者和对本书给予支持和帮助的老师表示衷心感谢！

　　由于编者水平有限，而且经济学理论与实践不断发展，书中难免存在疏漏和不足之处，恳请专家和读者批评指正。

编　者

2022 年 6 月

目 录

第一章　引论 ·· 1
　　第一节　经济学产生的根源 ··· 1
　　第二节　经济活动关系 ··· 2
　　第三节　经济学研究方法 ··· 4

第二章　均衡价格理论 ··· 6
　　第一节　需求原理 ··· 6
　　第二节　供给原理 ··· 9
　　第三节　均衡价格理论 ··· 12
　　第四节　弹性理论 ··· 14

第三章　消费者行为理论 ··· 19
　　第一节　效用论 ··· 19
　　第二节　基数效用论 ··· 20
　　第三节　序数效用论 ··· 22

第四章　生产理论 ·· 25
　　第一节　厂商和生产函数 ··· 25
　　第二节　短期生产理论 ··· 26
　　第三节　长期生产理论 ··· 29
　　第四节　规模报酬 ··· 33

1

第五章 成本理论 ... 35
第一节 成本 ... 35
第二节 短期成本分析 ... 36
第三节 长期成本分析 ... 38

第六章 市场理论 ... 42
第一节 市场理论概述 ... 42
第二节 完全竞争市场 ... 43
第三节 完全垄断市场 ... 48
第四节 垄断竞争市场 ... 52
第五节 寡头垄断市场 ... 55

第七章 收入分配理论 ... 57
第一节 生产要素的价格 ... 57
第二节 洛伦兹曲线和基尼系数 ... 60

第八章 市场效率分析 ... 61
第一节 市场效率与市场失灵 ... 61
第二节 公共物品与外部影响 ... 62

第九章 宏观经济指标 ... 64
第一节 国内生产总值 ... 64
第二节 物价指数 ... 66

第十章 国民收入决定 ... 68
第一节 收入—支出模型 ... 68
第二节 IS-LM 模型 ... 69
第三节 总需求—总供给模型 ... 73

第十一章　失业与通货膨胀 ··· 76
  第一节　失业 ·· 76
  第二节　通货膨胀 ··· 77
  第三节　菲利普斯曲线 ·· 78

第十二章　经济增长与经济周期 ·· 80
  第一节　经济增长 ··· 80
  第二节　经济周期 ··· 81

第十三章　宏观经济政策 ··· 83
  第一节　财政政策 ··· 83
  第二节　货币政策 ··· 85

参考文献 ·· 87

第一章 引论

第一节 经济学产生的概源

一、经济学概念

(一) 亚当·斯密的经济学概念

被称为经济学之父的亚当·斯密（1723~1790）在其1776年出版的《国民财富的性质和原因的研究》中，把经济学定义为增加国民财富问题的研究。斯密被公认为古典经济学的代表，他开创了现代意义上经济学研究的先河，在他之前的经济学，均不属于现代意义上的经济学，例如，古希腊色诺芬（公元前430~公元前354年的思想家）的《经济论》，实际上是家庭管理学说；法国孟克莱田1615年发表的《献给国王和王太后的政治经济学》，首先使用"政治经济学"一词，实际上是重商主义学说；法国魁奈（路易十四的宫廷医生）的《经济表》，体现的是重农主义思想等。

(二) 马歇尔的经济学概念

英国经济学家阿尔弗雷德·马歇尔（1842~1924），在其1890年出版的《经济学原理》中这样写道："经济学是一门研究人类一般生活事务的学问"。

马歇尔是新古典经济学的集大成者，一直到20世纪30年代，他的学说还支配着英语世界的经济学说。

(三) 萨缪尔森的经济学概念

美国当代经济学家、1970年诺贝尔经济学奖获得者保罗·萨谬尔森在其《经济学》中对经济学研究的内容定义为：劳动、资本、土地价格及其配置；金融市场行为及其资本配置；收入分配以及对穷人的援助；政府预算以及对经济的影响；经济周期性波动及其应对政策；各国贸易模式和贸易壁垒影响；穷国发展并提出资源利用建议。

将以上内容进行归纳，经济学是研究社会如何利用稀缺资源生产有价值的商品，并将其分配给不同人的科学。这个概念包含了经济学两大核心思想：物品是稀缺的、社会必须有效利用资源。正是因为稀缺性和追求效益的愿望，才使经济学成为一门重要学科。

二、稀缺

稀缺即社会资源无法满足人类的欲望要求。资源是生产过程中所投入要素的总称，包括劳动、资本、土地、企业家才能等。

劳动是人类所拥有的体力劳动和脑力劳动的总和，教育可增进人力资本。

资本是人类生产的用于生产其他产品的物质资料，如工具、设备、房屋、材料等。

土地是土地及土地所具有的一切自然资源，如森林、矿藏、江河湖海等。

企业家才能是企业家组织生产、经营管理、开拓创新和承担风险的能力总和。

资源可分为经济资源和自由资源，经济资源是指必须付出一定代价才能获得的资源，自由资源是指可以免费获得的资源，经济学研究的是经济资源的利用问题。

三、选择与机会成本

有限资源与人类无限欲望的矛盾要求人类必须根据资源条件选择满足最主要的欲望。

一定资源选择某种用途的机会成本是其所放弃的其他用途中的最高代价，经济学意义上的选择原则是收益大于或等于机会成本。

第二节　经济活动关系

一、经济主体

经济主体即经济活动的参与者和决策者，包括居民户、厂商和政府。

（一）居民户

居民户是经济活动中独立决策的基本单位，通过提供资源增加家庭收入（如劳动力、有形资产、无形资产），消费欲望受家庭收入限制。

(二) 厂商

厂商是生产产品或劳务的经济组织，以法人形式开展经济活动，通过利用资源实现盈利目标，经济决策受利益驱动。

(三) 政府

政府是提供社会服务和进行产品再分配的行政组织，社会服务如维护秩序、公共安全和公益服务，进行社会产品再分配如税收、救济、公益事业，经济决策受制于公平与效率的均衡。

二、市场

市场是经济主体之间联系的制度安排，包括自发或非自发形成的交易场所安排、约定俗成的交易惯例安排、法规规定的交易制度安排等。市场可分为以下两大类：

(一) 产品市场

产品市场是用于消费的产品和劳务的交易，不包括用于生产的物质资源。

(二) 要素市场

要素市场是用于生产的资源交易，包括劳动力、土地和资本。

三、经济制度

经济制度是协调人们经济行为的规范。

(一) 市场经济

市场经济是指资源配置主要由市场调节的经济制度，即主要靠价格机制来推动，政府的作用是维护秩序、公共服务、财产保护。

(二) 计划经济

计划经济是指资源配置主要由计划调节的经济制度，即主要靠政府行政命令来推动，政府是经济活动的集中决策者。

(三) 混合经济

混合经济是指市场机制和政府调控相结合的经济制度，消费领域的资源配置由市场决定，重要经济部门由政府控制，政府对市场进行适当干预。

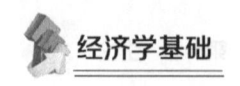

第三节　经济学研究方法

一、经济学研究对象

经济学的研究对象是随着人们对它认识的加深而不断深化的。现代经济学认为，经济学的研究对象是如何有效配置和利用经济资源，最大限度满足人们的需求。

二、经济学基本假设

因经济活动复杂，为简化分析、抓住本质，经济学需要作出许多假设，常用的假设包括以下两种：

（一）完全理性

消费者追求效用最大化，厂商追求利润最大化。

（二）完全信息

厂商和消费者均可获得完备而准确的信息。某种产品的生产者可以按照需求信息和边际效益原则组织生产，其他竞争者了解该产品的成本和价格信息，消费者能够在各个厂商的产品中进行正确选择。

三、经济学研究方法

（一）均衡分析

均衡是指经济现象中各种对立的、变动着的力量，处于一种力量相当、相对静止、不再变动的境界。

均衡分析是在一定假设前提下，分析经济均衡状态形成的条件、原因、过程及其作用。均衡会随着条件变化被打破，在新条件下形成新的均衡。

（二）静态分析和动态分析

静态分析是指在既定条件下考察某一经济事物在经济变量相互作用下实现均衡状态的特征。

比较静态分析是指考察原有条件变化后，原有均衡状态所发生的变化，即对新旧均衡状态比较分析。

动态分析是指考察在时间变化过程中均衡状态的实际变化过程。

(三) 实证分析和规范分析

实证分析是指排斥一切价值判断只研究经济本身的内在规律，即"是什么"。

规范分析是指以一定的价值判断为基础分析处理经济问题，即"应该是什么"。

(四) 经济模型与经济变量

经济模型是指同研究对象有关的经济变量之间相互依存关系的理论结构。

经济变量包括内生变量和外生变量，内生变量即一定经济模型内部因素决定的变量，外生变量即一定经济模型外部因素决定的变量。

第二章 均衡价格理论

第一节 需求原理

一、需求及其影响因素

（一）需求

需要是指消费者的消费欲望，是一种主观愿望，与客观条件无关（如价格、收入）。

需求，也被称为有效需求，是指在一定价格条件下消费者愿意并且能够购买的商品数量，必须同时具备两个条件：购买欲望和购买能力。

（二）需求的影响因素

1. 商品本身的价格

需求量与价格成反方向变动。

2. 消费者收入水平

正常商品需求与收入成正方向变动，低档商品需求与收入成反方向变动。正常商品与低档商品因人而异，同一个人也因时而异。

3. 相关商品价格

相关商品包括替代品和互补品。

替代品是指能够满足人们同一需求或相似需求的商品，如不同种类的衣服、食品、日用品等。一种商品的替代品价格上升，会引起该商品的需求增加。

互补品是指配合使用才能满足人们某一需求的商品，如汽车与汽油、电与家电等。一种商品的互补品价格上升，会引起该商品的需求减少。

4. 消费者预期

（1）对自身收入的预期：预期未来收入稳定增长，需求增加。

（2）对商品价格的预期：预期商品未来价格上涨，现期需求增加。

5. 消费者偏好

偏好是指消费者对某种物品的喜好。对某种商品的偏好会导致需求增加。广告宣传有改变人们偏好的作用，从而改变需求。

二、需求函数与需求曲线

（一）需求函数

1. 需求函数

需求函数是指某种商品的需求量与其各种影响因素之间的关系。影响需求变化的因素很多，但在某一特定时点主要是商品自身的价格，因此，一种商品的需求量主要表现为该商品价格的函数，即 $Q_d=f(P)$，$dQ_d/dP<0$（斜率为负）。

2. 需求线性方程

$Q_d=a-bP$（a、b 为常数，a、$b>0$）

其中，a 为自发消费，即与 P 无关的消费；bP 为引致消费，即由 P 下降或上升而引发的消费变化，b 为需求与价格的相关系数。

（二）需求曲线

1. 需求表

需求表是表示某种商品在不同价格下的需求量的列表，价格与需求量之间的关系一般由经验数据确定。

2. 需求曲线

需求曲线是指在坐标上表示价格与需求量之间关系的曲线。

3. 需求曲线的制作方法

如图 2-1 所示，画一个坐标，横轴表示需求量 Q_d，纵轴表示价格 P。标出价格与需求量对应的点，将各点顺序连接，即形成需求曲线。

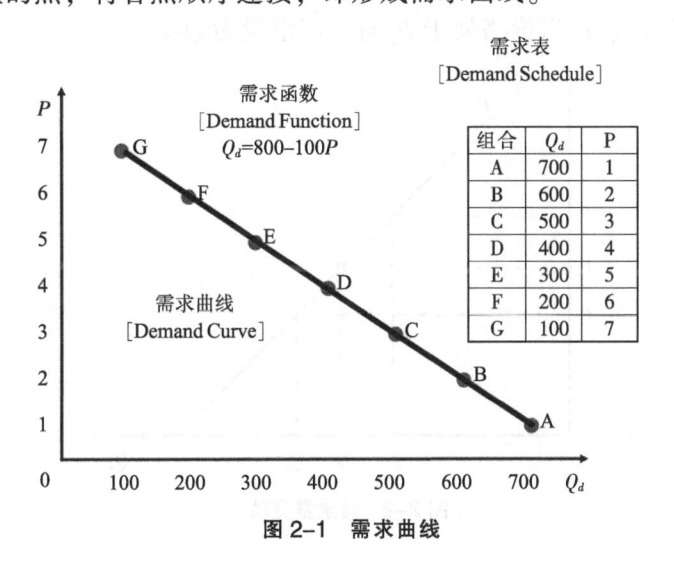

需求表
[Demand Schedule]

组合	Q_d	P
A	700	1
B	600	2
C	500	3
D	400	4
E	300	5
F	200	6
G	100	7

需求函数
[Demand Function]
$Q_d=800-100P$

需求曲线
[Demand Curve]

图 2-1 需求曲线

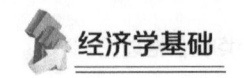

三、需求定理

(一) 需求定理

假定其他条件不变,需求量与价格反方向变动。

(二) 需求定理例外

1. 炫耀性商品

炫耀性商品是指能够显示消费者身份和地位的商品,如对有些人而言,奢侈品象征其身份,价格贵反而买的多,价格便宜反而不屑于购买。

2. 吉芬商品

吉芬商品是以英国统计学家吉芬的名字命名的。吉芬发现,在1845年爱尔兰发生灾荒时,土豆价格急剧上涨,但是它的需求反而增加,原因是灾荒造成爱尔兰人实际收入下降,土豆作为一种生活必需的低档食品,实际收入下降使人们不得不增加这类商品的购买。

3. 投机性商品

投机性商品是指以短期投机获利为主要目的的商品,如股票,买涨不买跌,股票市场常见现象是股指涨的时候大量资金涌入股市。

四、需求量变动与需求变动

(一) 需求量变动

需求量变动是指其他因素不变,由商品价格变动引起的需求量变动,表现为需求曲线上的点移动。如图2-2所示,当价格处于 P_1 时,需求量为 Q_1;当价格处于 P_2 时,需求量为 Q_2;当价格处于 P_3 时,需求量为 Q_3。

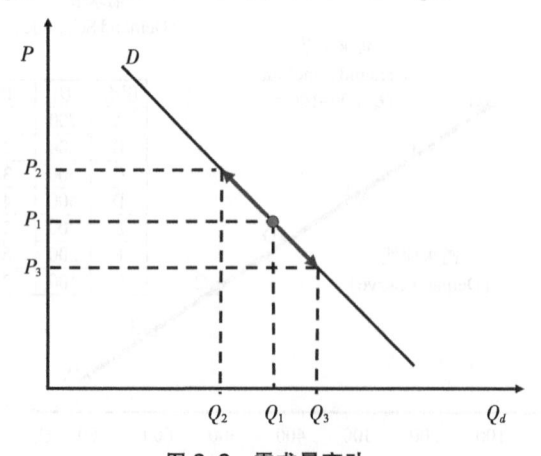

图 2-2 需求量变动

（二）需求变动

需求变动是指商品价格不变，由其他因素变动引起的需求变动，表现为需求曲线位置移动。如图 2-3 所示，假定商品价格为 P_1 保持不变，收入发生变化。初始收入下需求曲线为 D_1，对应的需求量 Q_1；如果收入增加，需求增加，需求曲线向右移至 D_2，对应的需求量为 Q_2；如果收入减少，需求减少，需求曲线向左移至 D_3，对应的需求量为 Q_3。

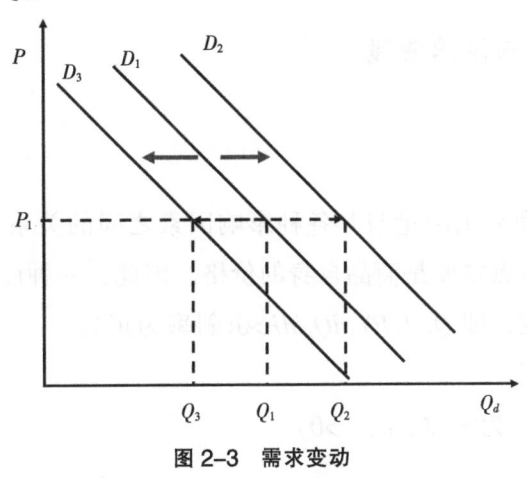

图 2-3 需求变动

第二节 供给原理

一、供给及其影响因素

（一）供给

供给是指在某一时间和价格范围内，生产者愿意并且能够提供的商品数量。供给必须同时具备两个条件：供给意愿和供给能力。

（二）供给的影响因素

1. 商品自身的价格

供给与价格成同方向变化。

2. 生产成本

供给与生产成本成反方向变化。

3. 生产技术水平

技术进步会导致供给增加。

4. 生产者价格预期

预期行情看涨，短期供给减少，长期供给增加；

预期行情看跌，短期供给增加，长期供给减少。

5. 政府产业政策

政府扶持和支持的产业，会导致供给增加，如农业和新兴产业。

政府限制的产业，会导致供给减少，如烟酒、化妆品等。

二、供给函数与供给曲线

（一）供给函数

1. 供给函数

供给函数是指商品供给量与其各种影响因素之间的关系。影响供给的因素很多，但在某一特定时点主要是商品自身的价格，因此，一种商品的供给量主要表现为该商品价格的函数，即 $Q_s=f(P), dQ_s/dP>0$（斜率为正）。

2. 供给线性方程

$Q_s= -c+eP$（c、e 为常数，c、$e>0$）

能使生产者提供产量（$Q_s>0$）的价格必定是 $P>\dfrac{c}{e}$，e 表示供给与价格的相关性系数。

（二）供给曲线

1. 供给表

供给表表示某种商品在不同价格下的供给量列表。价格与供给量之间的关系一般由经验数据确定。

2. 供给曲线

供给曲线是指在坐标上表示价格与供给量之间关系的曲线。

3. 制作方法

如图 2-4 所示，画一个坐标，横轴表示供给量 Q_s，纵轴表示价格 P；标出价格与供给量对应的点，将各点顺序连接，即形成供给曲线。

图 2-4 供给曲线

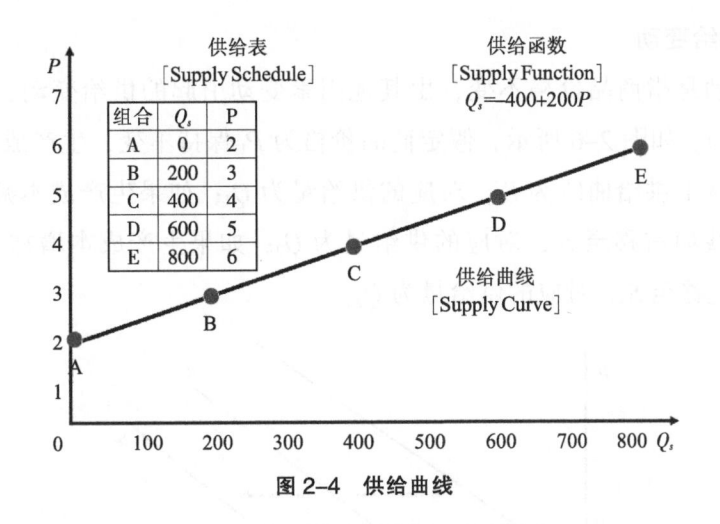

三、供给定理

(一) 供给定理

假定其他条件不变，供给量与价格成同方向变动。

(二) 供给定理例外

1. 不可复制品，如土地、文物、艺术品，供给与价格无关。
2. 劳动力，当劳动价格（工资）足够高，休闲成为必要消费时，劳动供给减少。

四、供给量变动与供给变动

(一) 供给量变动

供给量变动是指其他因素不变，由商品价格变动引起的供给量变动，表现为供给曲线上的点移动。如图 2-5 所示，当价格处于 P_1 时，供给量为 Q_1；当价格处于 P_2 时，供给量为 Q_2；当价格处于 P_3 时，供给量为 Q_3。

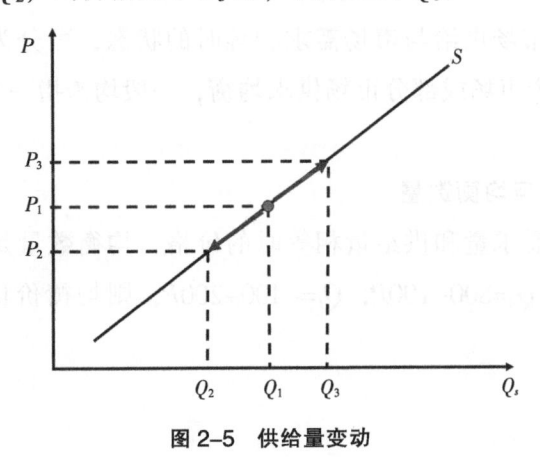

图 2-5 供给量变动

(二)供给变动

供给变动是指商品价格不变,由其他因素变动引起的供给变动,表现为供给曲线位置移动。如图2-6所示,假定商品价格为P_1保持不变,生产成本发生变化。初始生产成本下供给曲线为S_1,对应的供给量为Q_1;如果生产成本减少,供给增加,供给曲线向右移至S_2,对应的供给量为Q_2;如果生产成本增加,供给减少,供给曲线向左移至S_3,对应的供给量为Q_3。

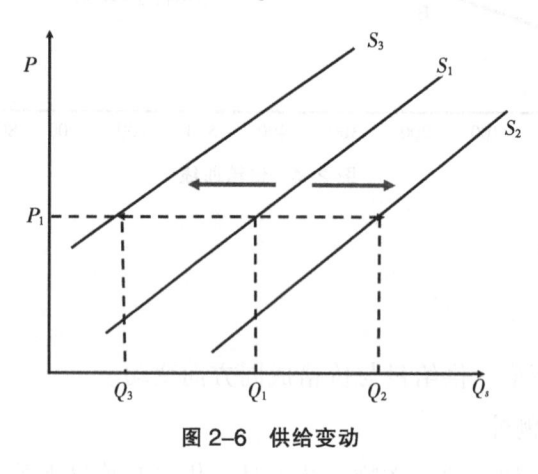

图2-6 供给变动

第三节 均衡价格理论

一、均衡价格与均衡数量

(一)市场均衡

市场均衡是指市场供给与市场需求相等时的状态,可分为局部均衡和一般均衡。局部均衡指单个市场或部分市场供求均衡,一般均衡指一个经济社会中所有市场供求均衡。

(二)均衡价格与均衡数量

均衡价格是指需求量和供给量相等时的价格,均衡数量是指在均衡价格水平下的供求数量。如$Q_d=800-100P$,$Q_s=-400+200P$,则均衡价格为4,均衡数量为400,如图2-7。

图 2-7 均衡价格与均衡数量

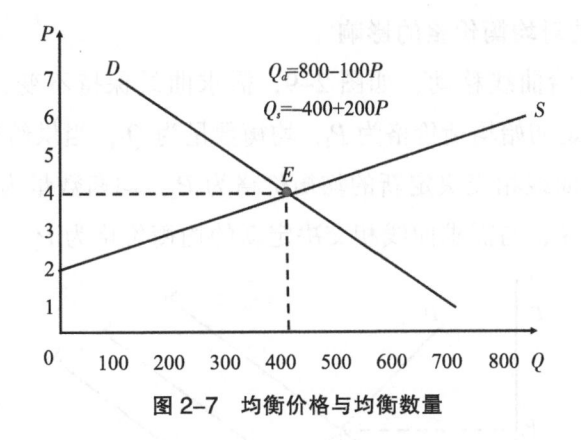

二、均衡价格的形成

均衡价格是市场供求两种相反力量相互作用并通过市场自发调节形成的。

1. 当市场价格低于均衡价格，出现供不应求时，市场需求会拉动价格上升，导致生产资源流入，从而增加产品供给；

2. 当市场价格高于均衡价格，出现产品剩余时，厂商竞争会拉动价格下跌，导致生产资源流出，从而减少产品供给。

三、均衡价格的变动

（一）需求变动对均衡价格的影响

需求变动即需求曲线移动，如图2-8，供给曲线保持不变，初始需求曲线 D_1 与供给曲线相交决定初始均衡价格为 P_1；当需求增加，需求曲线向右移至 D_2，与供给曲线相交决定新的均衡价格为 P_2，均衡数量为 Q_2；当需求减少，需求曲线向左移至 D_3，与供给曲线相交决定新的均衡价格为 P_3，均衡数量为 Q_3。

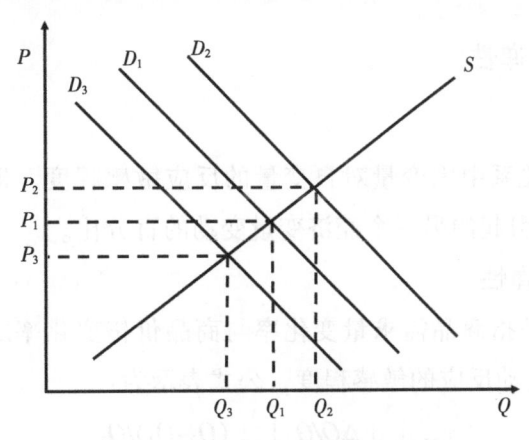

图 2-8 需求变动对均衡价格的影响

(二）供给变动对均衡价格的影响

供给变动即供给曲线移动，如图 2-9，需求曲线保持不变，初始供给曲线 S_1 与需求曲线相交决定初始均衡价格为 P_1，均衡数量为 Q_1；当供给增加，供给曲线向右移至 S_2，与需求曲线相交决定新的均衡价格为 P_2，均衡数量为 Q_2；当供给减少，供给曲线向左移至 S_3，与需求曲线相交决定新的均衡价格为 P_3，均衡数量为 Q_3。

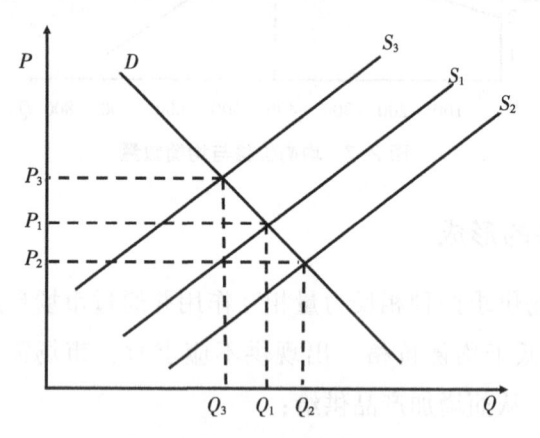

图 2-9 供给变动对均衡价格的影响

（三）需求和供给同时变动对均衡价格的影响

需求和供给同时变动对均衡价格和均衡数量的影响不确定，需要根据具体情况进行分析。

第四节　弹性理论

一、需求价格弹性

（一）弹性

弹性表示函数关系中因变量对自变量的反应敏感程度，即当一个经济变量发生 1% 变动时，由它引起的另一个经济变量变动的百分比。

（二）需求价格弹性

需求价格弹性是指商品需求量变化率与商品价格变化率之比，用以衡量商品的需求量对其价格变动反应的敏感程度，公式表示为：

$$|E_d| = \left|\frac{\Delta Q/Q}{\Delta P/P}\right| = \left|\frac{(Q_2-Q_1)/Q_1}{(P_2-P_1)/P_1}\right|$$

由于价格与需求量成反方向变动，结果为负值，习惯上需求价格弹性取绝对值。

(三) 需求价格弹性计算

某杂志价格为 2 元时销售量为 5 万册，价格为 3 元时销售量为 3 万册，则需求价格弹性为多少？

$$|E_d| = \left|\frac{\Delta Q/Q}{\Delta P/P}\right| = \left|\frac{(Q_2-Q_1)/Q_1}{(P_2-P_1)/P_1}\right| = \left|\frac{(3-5)/5}{(3-2)/2}\right| = 0.8$$

(四) 需求价格弹性的类型

需求完全无弹性（$E_d=0$），价格变动不影响需求。

需求完全弹性（$E_d=\infty$），既定价格下需求量无限。

单位需求价格弹性（$E_d=1$），需求量变动率与价格变动率相等。

需求富有弹性（$E_d>1$），需求量变动率大于价格变动率，如享受类商品。

需求缺乏弹性（$E_d<1$），需求量变动率小于价格变动率，如生活必需品。

二、需求交叉弹性

(一) 需求交叉弹性

需求交叉弹性是指某一商品的需求量变动率与其相关商品价格变动率的比值，公式表示为：

$$E_{xy} = \frac{\Delta Q_x/Q_x}{\Delta P_y/P_y}$$

(二) 需求交叉弹性计算

X 商品价格不变，需求量为 50；由于 Y 商品价格由原来的 5 元上升到 6 元，导致 X 商品需求量增加为 55，则：

$$E_{xy} = \frac{\Delta Q_x/Q_x}{\Delta P_y/P_y} = \frac{(Q_2-Q_1)/Q_1}{(P_2-P_1)/P_1} = \frac{(55-50)/50}{(6-5)/5} = 0.5$$

(三) 相关商品的种类

1. 替代品

若两种商品存在替代关系，则一种商品的价格与其替代品的需求量成同方向变动，需求交叉弹性为正值。

2. 互补品

若两种商品存在互补关系，则一种商品的价格与其互补品的需求量成反方向变动，需求交叉弹性为负值。

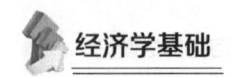

三、需求收入弹性

（一）需求收入弹性

需求收入弹性是指一定时期内消费者商品需求量变动率与收入变动率的比率，公式表示为：

$$E_m = \frac{\Delta Q/Q}{\Delta I/I}$$

（二）需求收入弹性计算

某人 2004 年家庭收入 25000 元，当年消费肉蛋奶支出 1000 元；2005 年家庭收入 30000 元，当年消费肉蛋奶支出 1300 元，则：

$$E_m = \frac{\Delta Q/Q}{\Delta I/I} = \frac{(Q_2-Q_1)/Q_1}{(I_2-I_1)/I_1} = \frac{(1300-1000)/1000}{(30000-25000)/25000} = 1.5$$

（三）相关商品的种类

1. 正常物品

正常物品的需求量随收入水平的增加而增加，需求收入弹性为正值。

2. 低档物品

低档物品的需求量随收入水平的增加而减少，需求收入弹性为负值。

四、供给价格弹性

（一）供给价格弹性

供给价格弹性是指一定时期内商品供给量变动率与价格变动率之比，公式表示为：

$$E_s = \frac{\Delta Q/Q}{\Delta P/P}$$

由于价格与供给量成同方向变动，所以供给价格弹性为正值。

（二）供给价格弹性计算

2002 年我国粮食加权平均价为 1 元/公斤，粮食产量 4600 亿公斤；由于 2003 年粮食价格上升到 1.4 元/公斤，2004 年粮食产量增加到 4900 亿公斤，则：

$$E_s = \frac{\Delta Q/Q}{\Delta P/P} = \frac{(Q_2-Q_1)/Q_1}{(P_2-P_1)/P_1} = \frac{(4900-4600)/4600}{(1.4-1)/1} = 0.16$$

（三）供给价格弹性的类型

供给完全无弹性（$E_s=0$），供给量与价格无关。

供给缺乏弹性（$0<E_s<1$），供给量对价格不敏感。

供给单位弹性（$E_s=1$），供给量与价格等比例变动。

供给富有弹性（1<E_s<∞），供给量对价格非常敏感。

供给无限弹性（E_s=∞），既定价格下无限供给。

五、弹性理论在厂商价格决策方面的运用

厂商总收益表示一定时期内所出售商品的全部收入，表现为出售商品数量与平均价格的乘积。商品销售量表现为商品需求量。

$$R = P \times Q, Q = f(P)$$

$$\frac{dR}{dP} = \frac{dP}{dP} \cdot Q + \frac{dQ}{dP} \cdot P$$

$$= Q + \frac{dQ}{dP} \cdot P$$

$$= Q(1 + \frac{dQ}{dP} \cdot \frac{P}{Q})$$

$$= Q(1 + \frac{dQ/Q}{dP/P})$$

$$= Q(1 + E_d)$$

$$= Q(1 - |E_d|)$$

对于需求价格弹性小于1的商品，收益对价格的导数大于0，收益与价格成同方向变动，提高价格会增加厂商收益，降低价格会减少厂商收益。

对于需求价格弹性大于1的商品，收益对价格的导数小于0，收益与价格成反方向变动，提高价格会减少厂商收益，降低价格会增加厂商收益。

案例分析

农业科学家培育出能比现在更高产的小麦新品种，该事件对小麦价格有何影响？对农民总收益有何影响？

1. 如图 2-10 所示，小麦供给增加，供给曲线向右移，小麦均衡价格下降，均衡数量增加。

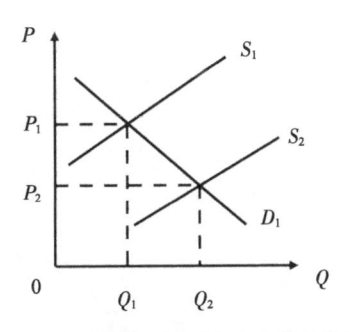

图 2-10 小麦供给增加对小麦均衡价格的影响

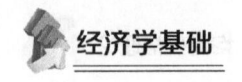

2. 小麦是生活必需品，需求价格弹性小于1，价格下降，农民收益下降。现实社会中，农业是我国重要基础产业，政府可通过农产品价格调控和三农政策等提高农民收入。

第三章 消费者行为理论

第一节 效用论

一、效用概念

效用（Utility）是消费者从消费某种物品或劳务中所得到的满足程度，它是一种心理感受，同一商品的效用因人、因时、因地而不同。

二、效用论

效用论分为基数效用论和序数效用论。

（一）基数效用论

基数效用论根据消费者每一单位产品消费的实际效果确定效用大小，这种理论用具体数字来研究消费者效用最大化问题。

（二）序数效用论

序数效用论根据消费者个人喜好程度排列产品效用大小的先后顺序，这种理论用无差异曲线来研究消费者效用最大化问题。

（三）基数效用论和序数效用论的区别

基数效用分析采用了效用可用具体数值计量的假定；序数效用分析采用了效用只能分高低、排序的假定。

三、消费者选择

（一）消费者选择的决定因素

1. 消费者的偏好
2. 消费者的收入水平
3. 所购买商品或劳务的价格水平

（二）消费者选择的原则

消费者选择的原则是效用最大化（Utility Maximization）。

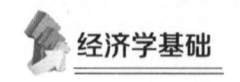

第二节 基数效用论

一、总效用与边际效用

总效用（TU）是指消费者消费一定量的某种物品所获得的全部效用。

边际效用（MU）是指消费者每增加一单位某种物品消费所增加的总效用。

总效用与边际效用是原函数与导数的关系，即 $MU=dTU(Q)/dQ$。

二、边际效用递减规律

边际效用递减规律是指增加每一单位同种商品消费所带来的效用是递减的，即消费者对同一种商品消费的数量越多，他对该商品的消费欲望越低。

比较直观的是食物消费，也可以推论到所有商品，只要原有的用途不变，任何商品都存在边际效用递减规律。

三、消费者均衡

（一）消费者均衡

消费者均衡是指在消费者收入和商品价格既定的前提下，消费者所购买的商品组合能获得最大效用的状态。

（二）消费者效用最大化的均衡条件

如果消费者货币收入不变，而且各种商品的价格是一定的，那么消费者用于购买每一种商品的最后一元钱所得到的边际效用相等时，所获得的总效用最大。

（三）消费者均衡论证

下面以消费者购买两种商品为例，具体说明消费者效用最大化的均衡条件。

在购买两种商品情况下的消费者效用最大化的均衡条件为：

$$P_1X_1+P_2X_2=I$$

$$\frac{MU_1}{P_1}=\frac{MU_2}{P_2}=\lambda$$

当 $\frac{MU_1}{P_1}<\frac{MU_2}{P_2}$ 时，消费者就会减少对商品 1 的购买量，增加对商品 2 的购买量。

当 $\frac{MU_1}{P_1}>\frac{MU_2}{P_2}$ 时，消费者就会减少对商品 2 的购买量，增加对商品 1 的购买量。

当$\frac{MU_1}{P_1}=\frac{MU_2}{P_2}$时，消费者购买两种商品的效用相等，此时消费者获得的总效用最大。

四、消费者剩余

消费者剩余是指消费者购买商品愿意支付的价格与实际支付价格的差额。消费者愿意支付的价格是一种主观心理感受，由于这个余额给消费者带来了额外的心理满足，因此消费者剩余代表了消费者福利。如图 3-1 所示，均衡时市场消费者剩余为市场价格线以上、需求曲线以下的面积，即图中阴影部分的面积。

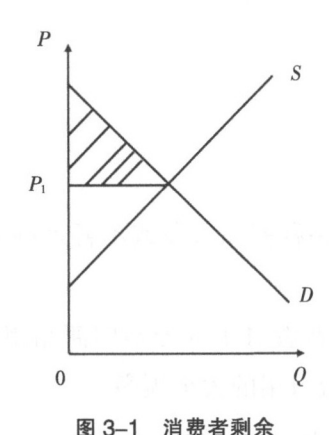

图 3-1 消费者剩余

案例分析 1

李大妈是个勤俭之人，买东西总是精打细算。她共有 48 元，先买了白菜、黄瓜、西红柿，花费 30 元，又买了豆腐丝和粉条，共花费 10 元，只剩 8 元不够买鱼了，怎么办？因为家人喜欢吃鱼，没有鱼大家有意见，李大妈决定还得满足家人要求。于是李大妈找到卖给她白菜、黄瓜、西红柿的摊主，说了很多好话，退了一些菜，找回 8 元钱。李大妈最终花 16 元钱买了一条鱼，购买物品达到自己的要求，高兴而归。

李大妈的钱是有限的，其中白菜、黄瓜、西红柿共花费 30 元，随着购买量的增加，边际效用减少了。想买鱼而钱不够，这时鱼的边际效用增加了。由于每元钱用于购买菜和鱼的边际效用不等，所以她要退掉一些菜，以便重新将钱用于买鱼上，这样每元钱用于买菜和鱼的边际效用就相等了，从而实现消费者均衡，即效用最大化。

案例分析 2

当前互联网技术促进了电子商务、跨境电商蓬勃发展，网购以其丰富的产品、便捷的购物体验以及节省中间商成本降低价格等优势大大提高了消费者的满足程度和效用,那么,双十一电商打折促销为什么会广受消费者青睐?

消费者对某一商品正常价格存在心理预估,双十一打折后,商品价格低于消费者对商品的价格预估,消费者感到便宜了很多,买到后会获得消费者剩余,得到额外的心理满足。

第三节　序数效用论

一、无差异曲线

(一) 消费者偏好

消费者偏好是消费者对某种商品喜爱或不喜爱的程度,其与商品价格及消费者收入无关。

序数效用论者认为,消费者对于各种不同商品组合的偏好程度是有差别的,这种差别决定了不同商品组合效用的大小顺序。

(二) 无差异曲线及其特点

无差异曲线表示两种商品的不同数量组合对消费者效用完全相同的曲线,如图3-2所示。

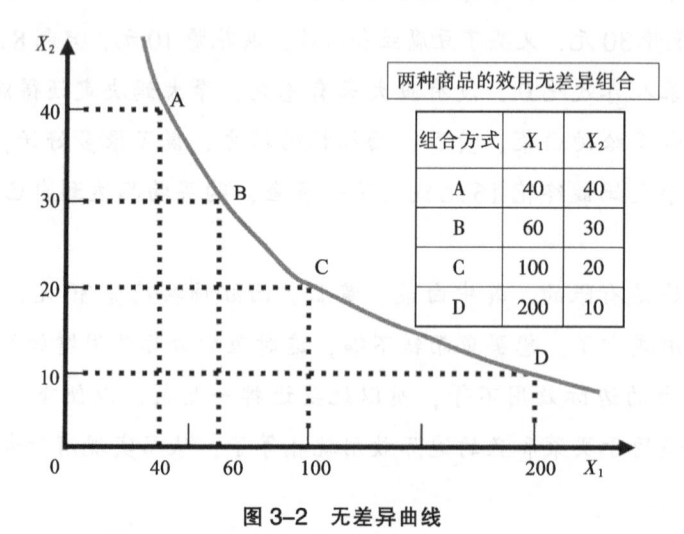

两种商品的效用无差异组合

组合方式	X_1	X_2
A	40	40
B	60	30
C	100	20
D	200	10

图3-2　无差异曲线

无差异曲线具有以下特征:

1. 同一坐标平面上可以有无数条无差异曲线,离原点越远的无差异曲线代表的效用水平越高；

2. 同一坐标平面上任意两条无差异曲线不可能相交；

3. 无差异曲线凸向原点。

二、消费预算线

假定只有两种商品，消费预算线是指在收入和商品价格既定的前提下，消费者所能购买到的两种商品数量的最大组合方式的曲线。

以 I 表示消费者的既定收入，以 P_1 和 P_2 分别表示商品 1 和商品 2 的价格，以 X_1 和 X_2 分别表示商品 1 和商品 2 的数量，则预算线方程为：

$$I=P_1 \cdot X_1 + P_2 \cdot X_2$$

可改写为：

$$X_2 = -\frac{P_1}{P_2}X_1 + \frac{I}{P_2}$$

在已知 I 和 P_1、P_2 的情况下，就可以计算出 X_1 和 X_2 的组合比例。

假设 $I=400$，$P_1=2$，$P_2=10$，则预算线的方程为 $X_2=40-0.2X_1$，预算线如图 3-3 所示。

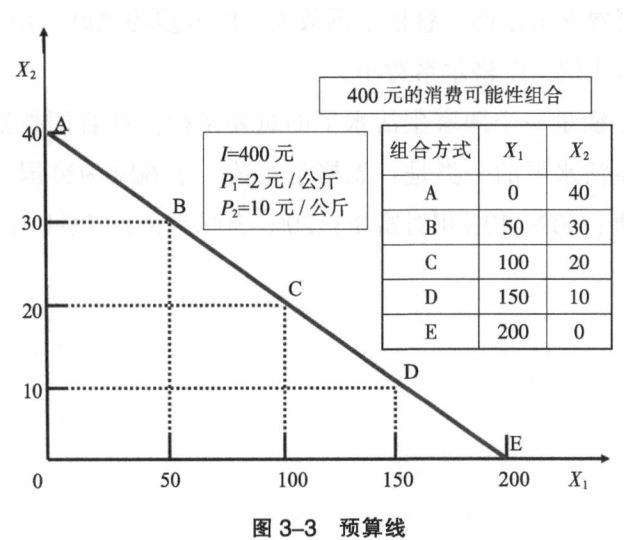

图 3-3 预算线

三、消费者均衡

消费者均衡点位于无差异曲线与预算线的切点。在这一点上，消费者在收入和价格既定的前提下将获得最大的效用。

如图 3-4 所示，在预算线既定下，消费者能达到的最大效用为与之相切的无差异曲线，在切点 E，X_1 和 X_2 的消费数量组合为（100，20），此时消费者能达到

最大效用 U_1；U_2 代表更高效用水平，但目前预算线无法达到该效用水平；预算线可以达到 U_3 效用水平，但不是最大效用。

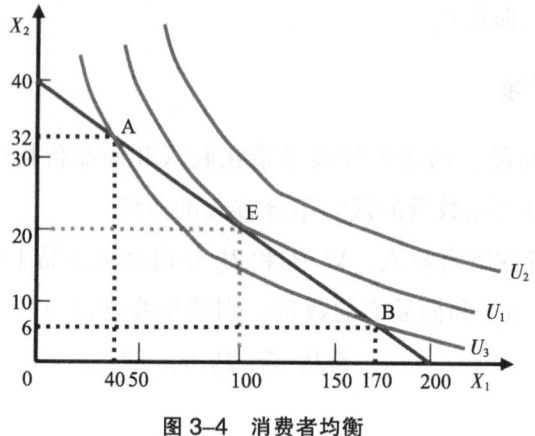

图3-4 消费者均衡

四、恩格尔系数

恩格尔系数是指食物支出占总消费支出的比例。在一个家庭或一个国家中，食物支出占总消费支出的比例随着收入的增加而减少。收入少的家庭，用于食物支出比例大于其他消费支出比例，恩格尔系数大；收入多的家庭，用于食物支出比例小于其他消费支出比例，恩格尔系数小。

恩格尔系数是衡量一个国家生活水平的重要指标。联合国按照恩格尔系数大小，对世界各国生活水平的分类是：恩格尔系数大于60%为穷国；50%~60%为温饱；40%~50%小康；30%~40%相对富裕；20%~30%富裕；20%以下极富裕。

第四章 生产理论

第一节 厂商和生产函数

一、厂商

(一) 厂商及其组织形式

1. 厂商

厂商是组织生产要素进行生产并销售产品和劳务以取得利润的机构。

2. 厂商的组织形式

(1) 个人企业是只有一个所有者的企业。

(2) 合伙制企业是两个或两个以上承担无限责任的所有者组建的企业。无限责任是指对企业债务负有无限清偿的责任。

(3) 公司制企业是一个或多个承担有限责任的股东组建的企业。有限责任是以企业的资产为限清偿企业债务。

三种企业组织形式比较如表 4-1 所示。

表 4-1 三种企业组织形式比较

企业类型	优点	缺点
个人企业	容易建立 决策过程简单 只交个人所得税	决策不受约束 所有者承担无限责任 企业传承困难
合伙制企业	决策多样化 合伙人容易退出 只交个人所得税	形成统一意见困难 所有者承担无限责任 合伙人退出引起资本短缺
公司制企业	所有者承担有限责任 筹资容易	管理体系复杂、成本高 决策程序复杂、决策慢 交个人所得税和企业所得税

(二) 厂商存在的原因

1. 两种经济活动协调方式

厂商协调是厂商作为一个统一单位组织协调生产活动,然后与其他市场主体在市场上进行交易。

市场协调是个人直接通过市场来调节生产经营活动。

2. 交易成本

交易成本是一项交易所花费的时间和精力。科斯认为测定每个工人的贡献和议定每个产品部件的价格使交易成本很大时,工人就会选择在一个工厂里工作。厂商作为一种组织形式,在一定程度上是对市场的替代。

(三) 厂商的目标

厂商的目标是运用有限资本,通过生产经营活动实现利润最大化。

二、生产函数

生产任何产品,生产要素主要归纳为劳动（L）和资本（K）。劳动指劳动力,资本指厂房、机器设备等,因此生产函数一般可表示为:

$$Q=f(L,K)$$

三、短期生产和长期生产

生产分为短期生产和长期生产,二者划分的标准是资本投入量是否变化,即生产规模是否变化。

短期生产指资本投入量不变（厂房、机器设备不变）,劳动投入量随产量变动而变动。资本称为不变投入,劳动称为可变投入。

长期生产指资本和劳动投入量都变动（如扩建厂房、增加购买机器设备等）,资本和劳动都是可变投入。

第二节 短期生产理论

短期生产中,资本投入量不变,劳动投入量随产量变动而变动。

一、短期总产量、平均产量和边际产量

总产量（Total Product）指在资本不变下,劳动与资本的总产出,即

$$TP=f(L,\bar{K})$$

平均产量（Average Product）指总产量与全部劳动投入量之比，即

$$AP=\frac{TP}{L}$$

边际产量（Marginal Product）指增加一单位劳动投入增加的总产量，即

$$MP=\frac{\mathrm{d}TP}{\mathrm{d}L}$$

具体如表 4-2 所示。

表 4-2 短期总产量、平均产量和边际产量

资本投入量不变	劳动投入量 L	总产量 TP	平均产量 AP	边际产量 MP
3	1	3	3	3
3	2	8	4	5(8−3)
3	3	12	4	4(12−8)
3	4	15	3.75(15÷4)	3(15−12)
3	5	17	3.40(17÷5)	2(17−15)
3	6	17	2.83(17÷6)	0(17−17)
3	7	16	2.29(16÷7)	−1(16−17)
3	8	13	1.63(13÷8)	−3(13−16)

由表 4-2 可知，资本投入量不变的情况下，随着劳动投入增加，总产量、平均产量和边际产量都是先递增达到最大值再递减，如图 4-1 所示。

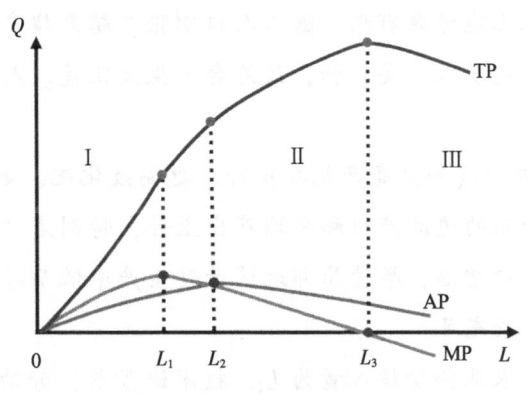

图 4-1 短期产量曲线

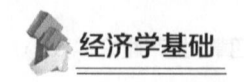

（一）总产量与边际产量关系

$MP>0$，TP 递增；$MP<0$，TP 递减；$MP=0$，TP 达到最大值。

总产量与边际产量的关系是原函数与一阶导数的关系，根据导数定理可得上述关系。

（二）平均产量与边际产量关系

$MP>AP$，AP 递增；$MP<AP$，AP 递减；$MP=AP$，AP 达到最大值。

平均产量与边际产量的关系可以用学生单科成绩与平均成绩举例说明，单科成绩高于平均成绩会提高平均成绩，单科成绩低于平均成绩会降低平均成绩。

二、边际报酬递减规律

边际报酬递减规律是指短期内技术不变，资本不变，仅增加劳动投入，达到一定限度后，劳动的边际产量递减。

因为劳动与资本投入量存在最佳比例，劳动投入达到最佳比例前其边际产量递增，达到最佳比例时其边际产量最大，继续增加偏离最佳比例后其边际产量递减。

三、短期生产投入的合理区间

如图 4-1 所示，第Ⅰ阶段（0–L_2），劳动投入量过少，增加劳动投入能提高总产量；第Ⅱ阶段（L_2–L_3），劳动投入量合理，总产量逐渐达到最大值；第Ⅲ阶段（L_3 以后），劳动投入量过多，总产量下降。

案例分析

英国经济学家马尔萨斯（1766~1834）的人口理论的主要依据是边际报酬递减规律。他认为，地球土地资源有限，随着人口膨胀，越来越多劳动力耕种土地，劳动边际产量下降，而更多人需要食物，最终会产生大饥荒。人类历史是按马尔萨斯预言发展吗？

20 世纪，技术进步（如更高产抗病良种、更高效化肥、更先进收割机械）使劳动生产率提高，劳动的边际产出和平均产出上升，特别是"二战"后，世界总体食物增幅高于同期人口增幅，尽管局部地区劳动生产率低而存在饥荒，但人类总体并未出现大饥荒，食物充足。

如图 4-2 所示，农业劳动投入量为 L_1，技术进步前，劳动边际产量沿 MP_1 已递减为 Q_1；技术进步后，劳动边际产量却沿 MP_2 递增为 Q_2；技术持续进步后，劳动边际产量沿 MP_3 递增为 Q_3。

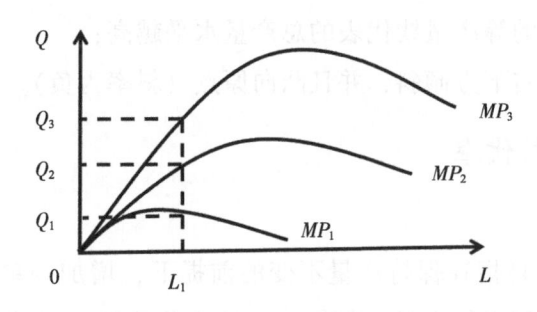

图 4-2　技术进步与边际产量曲线

第三节　长期生产理论

长期生产中，资本和劳动投入量都是变动的。

一、等产量线

长期生产中资本和劳动投入量都变动，用等产量线表示产量，生产函数为：

$$TP=f(L,K)$$

等产量线是指能产出相等产量的两种要素投入量全部组合方式的曲线，如图 4-3 所示。

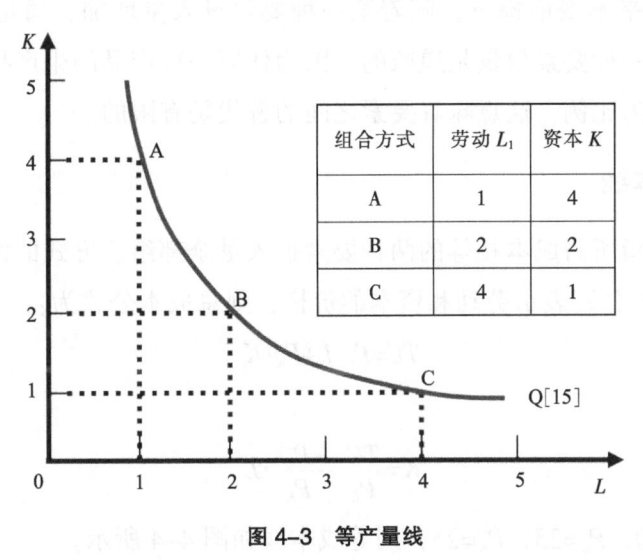

组合方式	劳动 L_1	资本 K
A	1	4
B	2	2
C	4	1

图 4-3　等产量线

等产量线具有如下特征：

（1）一个平面上可以有无数条等产量线，并且任何两条都不相交；

(2) 离原点越远的等产量线代表的总产量水平越高;

(3) 等产量线向右下方倾斜,并且凸向原点(斜率为负)。

二、边际技术替代率

(一) 含义

边际技术替代率是指在保持产量不变的前提下,增加一单位某种要素投入量而必须减少的另一种要素投入量,如增加一单位劳动投入而需减少的资本投入量,其公式为:

$$MRTS_{LK}=-\frac{\Delta K}{\Delta L}$$

其中,ΔK、ΔL 分别表示资本投入变化量和劳动投入变化量,由于劳动与资本成反方向变化,所以 $\Delta K/\Delta L$ 为负数。

边际技术替代率的另一种表示方式是两要素的边际产量之比。在保持产量不变前提下,增加一单位某种要素投入量导致的总产量增加量必须等于减少另一种要素投入量导致的总产量减少量,即:

$$|\Delta L \cdot MP_L|=|\Delta K \cdot MP_K|$$

$$MRTS_{LK}=-\frac{\Delta K}{\Delta L}=\frac{MP_L}{MP_K}$$

(二) 边际技术替代率递减规律

在总产量水平不变前提下,随着某一种要素投入量增加,每增加一单位该要素所能替代的另一种要素数量是递减的。因为任何一种产品的生产技术都要求各要素投入之间有适当比例,这意味着要素之间的替代是有限的。

三、等成本线

等成本线是指所需成本相等的两种要素投入量全部组合方式的曲线。

假定 P_L 和 P_K 分别表示劳动和资本的价格,则总成本公式为:

$$TC=P_L \cdot L+P_K \cdot K$$

推导得:

$$K=\frac{TC}{P_K}-\frac{P_L}{P_K} \cdot L$$

假设 $TC=100$,$P_L=25$,$P_K=25$,则等成本线如图 4-4 所示。

图 4–4 等成本线

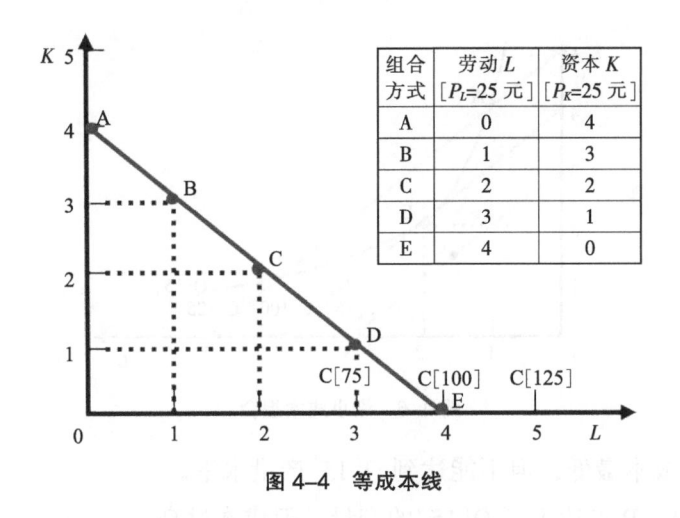

等成本线具有以下特点：

(1) 曲线为线性，斜率为小于 0 的常数；
(2) 斜率的绝对值等于两种要素的价格之比。

四、最优生产要素组合

(一) 最大产量组合

假定技术条件和要素价格不变，一定成本下最大产量的要素投入组合是等产量曲线与等成本线的切点，如图 4–5 所示。

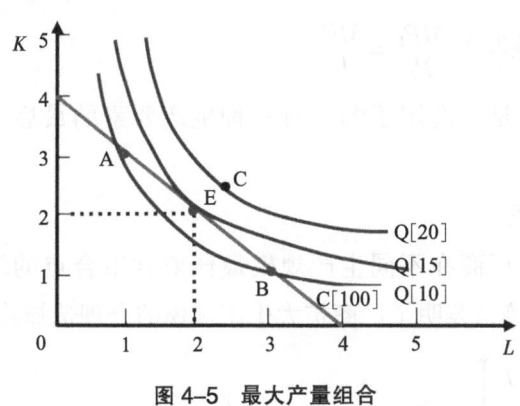

图 4–5 最大产量组合

Q[20]是在现有技术、成本和生产要素价格下，不能达到的产量水平。
Q[10]是产量水平较低，没有合理利用既定成本。
Q[15]是既定成本和价格下能达到的最大产量水平。

(二) 最小成本组合

假定技术条件和要素价格不变，一定产量下的最小成本的要素投入组合是等产量线与等成本线的切点，如图 4–6 所示。

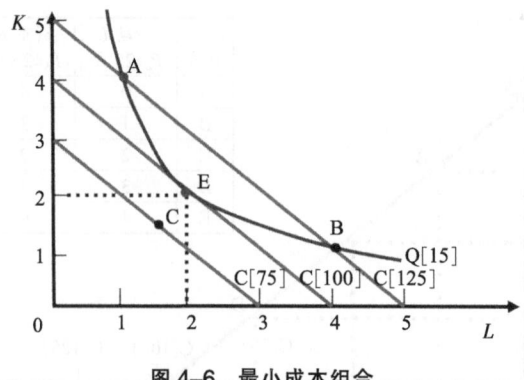

图 4-6　最小成本组合

C[75]虽然成本最低，但不能达到 Q[15]产量水平。

C[125]在 A、B 点达到了 Q[15]的产量，但成本过高。

只有 Q[15]与 C[100]相切时，既定产量下成本最小。

（三）生产者均衡

生产者均衡点是等产量线与等成本线的切点。在生产者均衡点上，等产量线的斜率等于等成本线的斜率。

等产量线的斜率 $=\dfrac{\Delta K}{\Delta L}=-\dfrac{MP_L}{MP_K}$

等成本线的斜率 $=-\dfrac{P_L}{P_K}$

即 $\dfrac{MP_L}{MP_K}=\dfrac{P_L}{P_K}$ 可改写为 $\dfrac{MP_L}{P_L}=\dfrac{MP_K}{P_K}$

生产者均衡条件是厂商用于购买每一种生产要素的最后一元钱所带来的边际效用相等。

（四）生产扩展线

生产扩展线是指厂商在不同生产规模最佳要素组合点的轨迹，即不同生产规模生产者均衡点的轨迹，表明了厂商扩大生产规模的合理选择路线，如图 4-7 所示。

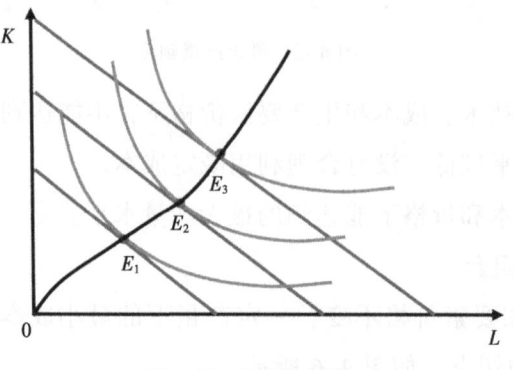

图 4-7　生产扩展线

知识扩展

资本密集型产业指在单位产品成本中，资本成本与劳动成本相比所占比重较大，每个劳动者所占用的固定资本和流动资本金额较高的产业。当前，资本密集型产业主要指钢铁业、一般电子与通信设备制造业、运输设备制造业、石油化工、重型机械工业、电力工业等。资本密集型工业主要分布在基础工业和重加工业，一般被看作是发展国民经济、实现工业化的重要基础。

劳动密集型产业指进行生产主要依靠大量使用劳动力，而对技术和设备的依赖程度低的产业，其衡量的标准是在生产成本中工资与设备折旧和研究开发支出相比所占比重较大。一般来说，劳动密集型产业主要指农业、林业及纺织、服装、玩具、皮革、家具等制造业。随着技术进步和新工艺设备的应用，发达国家劳动密集型产业的技术、资本密集度也在提高，并逐步从劳动密集型产业中分化出去，如食品业在发达国家就被划入资本密集型产业。

技术密集型产业指在生产过程中对技术和智力要素的依赖大大超过对其他生产要素依赖的产业。技术密集型产业包括微电子与信息产品制造业、航空航天工业、原子能工业、现代制药工业、新材料工业等。

资源密集型产业也称土地密集型产业，是在生产要素的投入中需要使用较多的土地等自然资源才能进行生产的产业。土地资源作为一种生产要素，泛指各种自然资源，包括土地、原始森林、江河湖海和各种矿产资源。与土地资源关系最为密切的是农矿业，包括种植业、林牧渔业、采掘业等。我国的新型工业化道路要走资源消耗低、环境污染少、可持续发展的道路，因而必须注重经济发展同资源环境相协调。

第四节　规模报酬

一、规模报酬与边际报酬

规模报酬是指厂商同比例变动所有要素投入量（劳动、资本）而引起的产量变动，属于长期生产分析。

边际报酬是指厂商只变动劳动投入量所引起的产量变动，属于短期生产分析。

二、规模报酬的类型

(一) 规模报酬递增

规模报酬递增是指产出量的增长比例大于投入量的增长比例，原因包括劳动分工和专业化优势、机械化和自动化优势、市场定价权和话语权优势、管理和销售成本优势。

(二) 规模报酬不变

规模报酬不变是指产出量的增长比例等于投入量的增长比例，原因是达到一定规模后，上述优势得到充分发挥。

(三) 规模报酬递减

规模报酬递减是指产出量的增长比例小于投入量的增长比例，原因包括管理层过多，信息传递失真，影响正确决策和决策效率；监控成本增加，导致组织成本大于交易成本。

三、规模报酬变化规律

企业从最初的小规模生产开始扩张时，进入规模报酬递增阶段；当企业生产规模扩大到全部优势得到充分发挥后，继续扩大生产规模将保持规模报酬不变；此后企业若继续扩大生产规模，就会进入规模报酬递减阶段。

第五章 成本理论

第一节 成本

一、成本分类

(一) 会计成本与机会成本

会计成本是指已经发生的实际支出,能在会计账目上反映出来,是与收入和利润相关的概念。

机会成本是指选择中所放弃的最高代价,是与经济决策相关的概念。如一个人可以开糕点店 200 元/小时、开饭店 100 元/小时、开商店 80 元/小时,如果他选择开糕点店,其机会成本是 100 元/小时。

(二) 显性成本、隐性成本与经济成本

显性成本是指厂商在市场上购买或租用的生产要素的实际支出,即会计成本。公司制企业主要表现为显性成本。

隐性成本是指厂商自有且用于生产过程的生产要素的理论支出,如个体工商户的自有土地、房屋、劳动力。独资企业包含相当的隐性成本。

经济成本是显性成本与隐性成本之和。

(三) 可回收成本与沉没成本

可回收成本是指会计成本中可以回收的成本,通过销售收入收回。

沉没成本是指会计成本中不可回收的成本,无产出的成本变为沉没成本,主要是固定成本、开发成本。

(四) 短期成本和长期成本

短期成本是指不变成本与可变成本之和。

长期成本是指全部投入的总成本,长期成本不分不变成本和可变成本。

二、利润

会计利润是指销售收入与会计成本的差额,经济利润是指销售收入与经济成

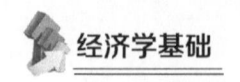

本的差额，如表 5-1 所示。

表 5-1　会计利润与经济利润

| 会计师的算法 || 经济学家的算法 ||
项目	数量	项目	数量
销售收益	300000	销售收益	300000
原材料费用	130000	原材料费用	130000
水电费	10000	水电费	10000
工资	50000	工资	50000
银行利息	10000	银行利息	10000
		隐含租金	50000
		隐含利息	10000
		隐含工资	40000
会计成本	200000	经济成本	300000
会计利润	100000	经济利润	0

第二节　短期成本分析

一、短期成本的种类

（一）固定成本和可变成本

固定成本是指不变投入带来的成本，在短期内不随产量变化而变化。

可变成本是指可变投入带来的成本，在短期内随产量变化而变化。

（二）总固定成本、总可变成本和总成本

总固固定成本表示为 TFC（total fixed cost），是一个常数。

总可变成本表示为 TVC（total variable cost），$TVC(Q)$ 是关于产量 Q 的函数。

总成本表示为 TC（total cost），$TC=TFC+TVC$。

（三）平均成本和边际成本

平均固定成本 AFC（average fixed cost）等于总固定成本与产量之比，即：

$$AFC=TFC/Q$$

平均变动成本 AVC（average variable cost）等于总可变成本与产量之比，即：
$$AVC=TVC(Q)/Q$$
平均总成本 ATC（average total cost）等于总成本与产量之比，即：
$$ATC=TC(Q)/Q=AFC+AVC$$
边际成本 MC（marginal cost）指每增加一单位产量带来总成本的增加值，即：
$$MC=dTC/dQ$$

二、短期成本曲线

如图 5-1 所示，TFC 为不变成本，是一条水平线；TVC 是可变成本，是产量的函数，与产量存在对应关系；TC 是总成本，与 TVC 斜率相同，并且二者的垂直距离等于 TFC。AFC 与产量成反比；AVC、AC、MC 均呈 U 形，即随着产量增加，三者均先递减，达到自身最低点后再递增，MC 经过 AVC、AC 的最低点。

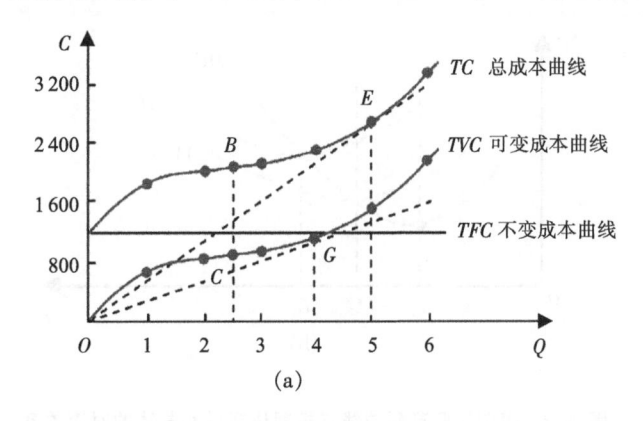

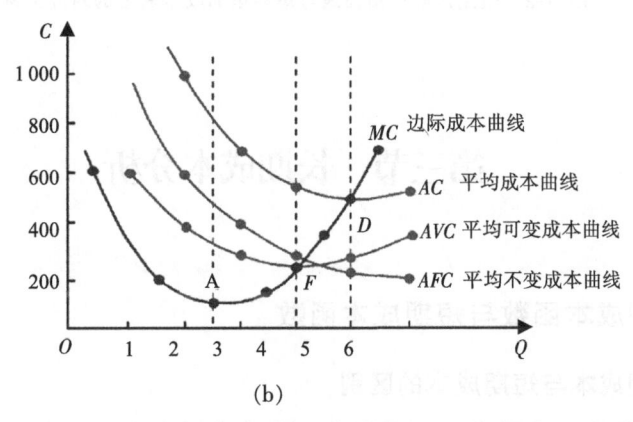

图 5-1 短期成本曲线

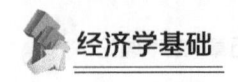

三、短期边际产量曲线与短期边际成本曲线的关系

由于边际报酬递减规律，短期边际产量曲线和短期边际成本曲线之间是对应关系，即边际产量的递增阶段就是边际成本的递减阶段，边际产量的递减阶段就是边际成本的递增阶段，边际产量的最大值就是边际成本的最小值，如图5-2所示。

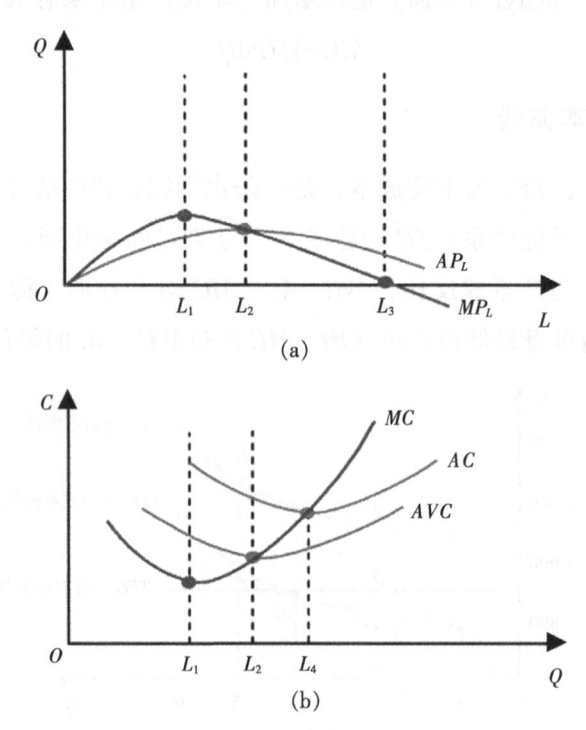

图 5-2 短期边际产量曲线与短期边际成本曲线的对应关系

第三节 长期成本分析

一、长期成本函数与短期成本函数

(一) 长期成本与短期成本的区别

长期成本是指全部要素投入都可变，总成本均为变动成本。

短期成本是指至少一种要素投入不变，总成本分为固定成本和变动成本。

(二) 长期成本与短期成本的表示方式

1. 长期成本函数

若长期成本函数为 $LC=LC(Q)$ (L, Long-run),则 LTC 为长期总成本,LAC 为长期平均成本,LMC 为长期边际成本。

2. 短期成本函数

若短期成本函数为 $SC=SC(Q)$ (S, short-run),则 STC 为短期总成本,SAC 为短期平均成本,SMC 为短期边际成本。

二、长期总成本

(一) 长期总成本与最优经济规模

短期生产的最优经济规模是指平均总成本最低的生产规模,即在既定产量下的总成本最低。由于短期生产是长期生产的一部分,因此我们可以由此界定长期生产的总成本。

长期总成本是指厂商在每一个产量水平上选择最优生产规模所能达到的最低总成本,其变动趋势是:

$Q=0$ 时,$LTC=0$;生产规模较小时,LTC 快速增加;在合理生产规模区间,LTC 增速减缓;超过合理生产规模时,LTC 快速增加。

(二) 长期总成本曲线及其特点

长期总成本曲线是在每一个产量水平上的最优生产规模所能达到的最低总成本点的切线,如图5-3所示。

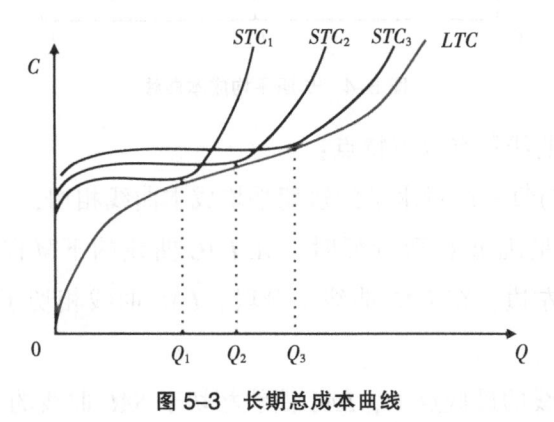

图 5-3 长期总成本曲线

长期总成本曲线具有以下特点:

1. LTC 曲线是无数条 STC 曲线的包络线,切点所对应的总成本为既定产量的最低总成本;

2. LTC 曲线为长期内不同生产规模的最小总成本线；

3. LTC 曲线从原点出发向右上方倾斜，LTC 曲线的斜率变化是一个由大变小、再变大的过程。

三、长期平均成本

1. 长期平均成本

长期平均成本是长期总成本与其所对应的产量之比，用公式表示为：

$$LAC=LTC/Q$$

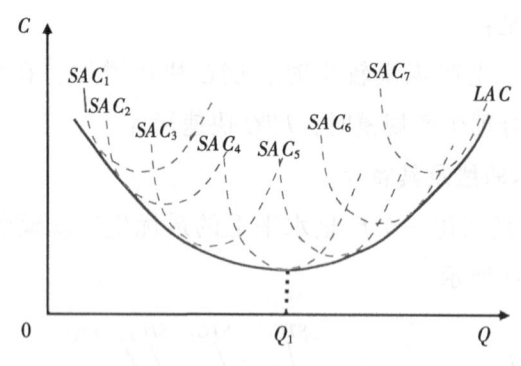

2. 短期平均成本曲线

短期平均成本曲线是短期平均总成本变化的轨迹。短期平均成本曲线表现为一条 U 形曲线，其低点为平均总成本最低。由于短期生产是长期生产的一部分，因此我们可以由此确定长期平均成本曲线。

3. 长期平均成本曲线

长期平均成本曲线是无数条短期平均成本曲线的包络线，如图 5-4 所示。

图 5-4 长期平均成本曲线

长期平均成本曲线具有以下特点：

（1）LAC 曲线与每一产量水平的短期平均成本曲线相切；

（2）LAC 曲线呈现出 U 形特征时，在 LAC 曲线的下降段，LAC 曲线相切于 SAC 曲线最低点的左边；在 LAC 曲线上升段，LAC 曲线相切于 SAC 曲线最低点的右边；

（3）在 LAC 曲线的最低点上，LAC 曲线相切于 SAC 曲线的最低点。

四、长期边际成本

（一）长期边际成本

长期边际成本是指在长期内每增加一单位产量所引起的长期总成本的增量，

用公式表示为：

$$LMC=dLTC/dQ$$

(二) 长期边际成本曲线及特点

长期边际成本曲线是指长期平均成本曲线与短期平均成本曲线的切点所对应的短期边际成本点的轨迹。

如图 5-5 所示，Q_1 最优生产规模由 LAC 曲线与 SAC_1 曲线的切点 P 决定，在 P 点，有 $LMC=SMC_1$；Q_2 最优生产规模由 SAC_2 曲线和 SMC_2 曲线的交点 R 决定，在 R 点，LAC 曲线与 SAC_2 曲线相切，且 $LMC=SMC_2=LAC=SAC_2$；Q_3 最优生产规模由 LAC 曲线与 SAC_3 曲线的切点 S 决定，在 S 点，有 $LMC=SMC_3$；依此类推，可以有无数个 LAC 曲线与 SAC 曲线相切点对应的 SMC 点，将这些 SMC 点连接起来，便得到一条光滑的 LMC 曲线。

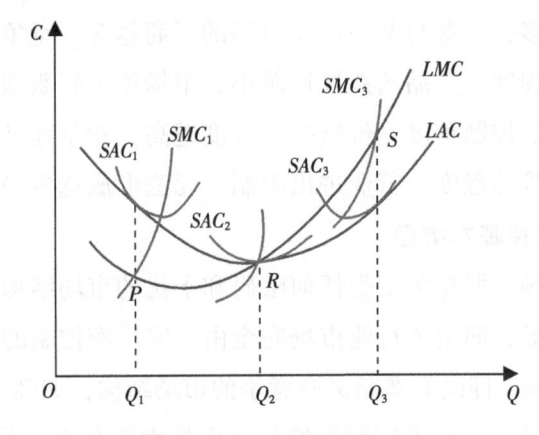

图 5-5 长期边际成本曲线

长期边际成本曲线具有以下特点：

(1) 长期边际成本曲线呈 U 形特征；

(2) 长期边际成本曲线相交于长期平均成本曲线的最低点。

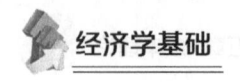

第六章 市场理论

第一节 市场理论概述

一、市场类型

(一) 划分市场类型的主要标准

1. 厂商数量的多少。参与某一产品市场的厂商越多,竞争越激烈。
2. 产品的差别程度。产品的差异性越小,市场竞争越激烈。
3. 厂商对价格的控制程度。价格控制程度越高,竞争程度越低。
4. 厂商进出的难易程度。行业进出限制,无法形成竞争局面。

(二) 市场的四种基本类型

1. 完全竞争市场,即竞争不受任何阻碍和干扰的市场结构,这是理论假设。
2. 完全垄断市场,即整个行业市场完全由一家厂商控制的状态,如铁路。
3. 垄断竞争市场,即既有垄断又有竞争的市场结构,如轻工、商业、服务业。
4. 寡头垄断市场,即几家厂商供给行业市场大部分产品的市场结构,如石油、汽车、电信。

四种市场类型的比较如表 6-1 所示。

表 6-1 四种市场类型比较

市场类型	厂商数量	产品差别程度	对价格控制程度	进入市场难易程度	接近的商品市场
完全竞争	很多	无差别	没有	很容易	农产品
完全垄断	一家	不可替代	很大	不可能	铁路 电力
垄断竞争	很多	有差别	较小	比较容易	轻工业 零售业
寡头垄断	很少	有差别	较大	比较困难	汽车制造 石油开采

二、利润最大化的实现条件

利润=总收益-总成本，即

$$\pi(Q)=TR(Q)-TC(Q)$$

利润的导数等于 0 时利润最大化，即

$$\frac{\mathrm{d}\pi}{\mathrm{d}Q}=\frac{\mathrm{d}TR}{\mathrm{d}Q}-\frac{\mathrm{d}TC}{\mathrm{d}Q}=MR-MC=0$$

$$MR=MC$$

所以，利润最大化的条件是边际收益=边际成本。

当 $MR>MC$ 时，增加产量的收益大于成本，增加产量可增加总利润；

当 $MR<MC$ 时，增加产量的收益小于成本，减少产量可增加总利润；

当 $MR=MC$ 时，总利润最大。

第二节　完全竞争市场

一、完全竞争市场的特点

1. 市场上存在大量的买者和卖者；
2. 厂商提供的产品是无差别的；
3. 所有资源都具有完全的流动性，任何厂商都可自由进出该市场；
4. 市场上每一个卖者和买者均有完备的市场信息。

现实生活中，不存在符合以上条件的市场。完全竞争市场分析主要说明市场机制及资源配置原理，为市场分析奠定基础。

二、完全竞争厂商的需求曲线和收益曲线

（一）完全竞争厂商的需求曲线

完全竞争厂商的需求曲线是既定市场价格线，是一条水平线。在完全竞争市场上，存在大量厂商，单个厂商不能影响价格，只能是市场供求决定的均衡价格的接受者。在既定价格下，市场对个别厂商的需求是无限的，如图 6-1 所示。

(a) 市场供求曲线　　　　　　(b) 厂商的需求曲线

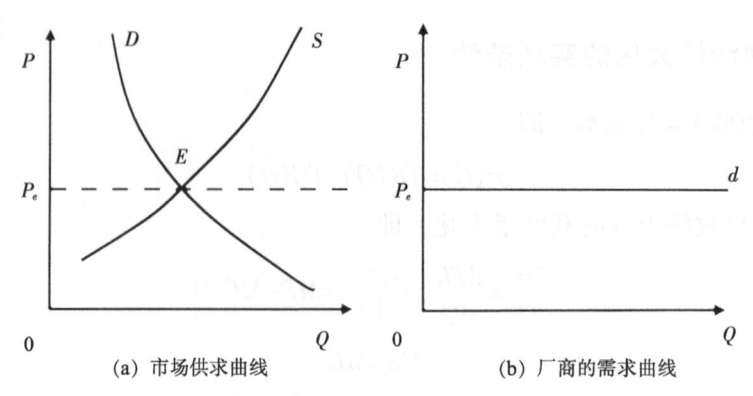

图 6-1 完全竞争市场厂商的需求曲线

（二）完全竞争厂商的收益曲线

由于完全竞争市场厂商的销售价格是既定常数，所以

总收益 $TR=P·Q$

平均收益 $AR=TR(Q)/Q=P$

边际收益 $MR=dTR/dQ=d(P·Q)/dQ=P$（P 为常数）

如图 6-2 所示。

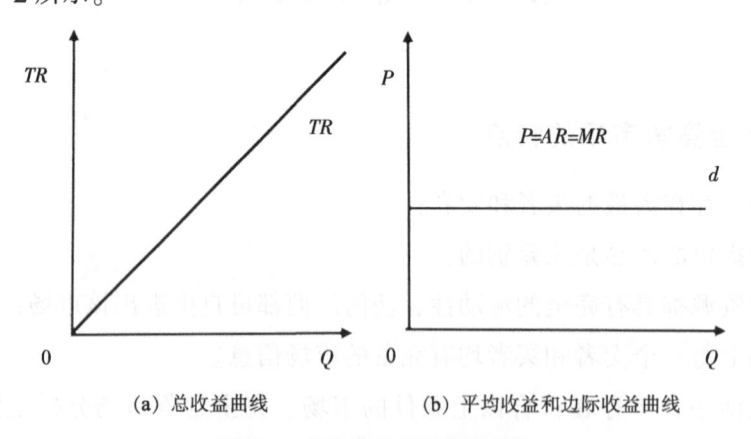

(a) 总收益曲线　　　　　　(b) 平均收益和边际收益曲线

图 6-2 完全竞争厂商收益曲线

完全竞争厂商收益曲线具有以下特点：

1. 厂商总收益 TR 曲线是一条由原点出发、斜率不变的直线；
2. 市场对厂商的需求曲线是由 P 点出发的水平线，且 $AR=MR=P$。

三、完全竞争厂商的短期均衡和短期供给曲线

（一）完全竞争厂商的短期均衡

完全竞争厂商在短期内不能按市场需求调整全部生产要素，只能根据 $MR=MC$ 的原则来决定其产量，所以厂商的短期均衡有可能出现以下三种情况。

1. 盈利

如图 6-3 所示，根据 $MR=SMC$ 的利润最大化原则，厂商利润最大化的均衡点为 MR 曲线和 SMC 曲线的交点 E，相应的均衡产量为 Q_E。在 Q_E 产量上，平均收益为 EQ_E，平均成本为 FQ_E。由于平均收益大于平均成本，厂商获得经济利润，经济利润等于图中阴影部分的面积。

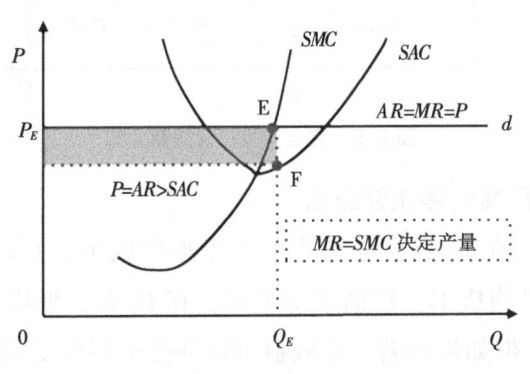

图 6-3 完全竞争厂商短期盈利

2. 零利润

如图 6-4 所示，市场对厂商的需求曲线 d 相切于 SAC 曲线的最低点，此点为 $MR=SMC$ 的利润最大化的均衡点 E，相应的均衡产量为 Q_E。在 Q_E 产量上，平均收益等于平均成本，厂商的经济利润为零。

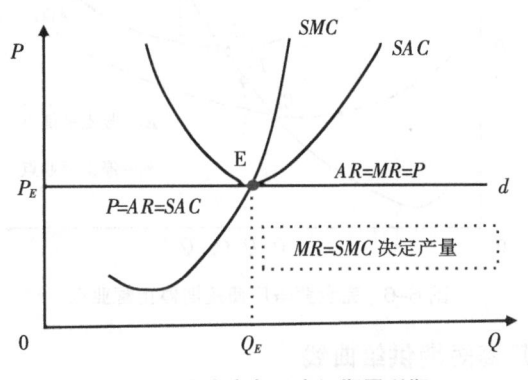

图 6-4 完全竞争厂商短期零利润

3. 亏损

如图 6-5 所示，根据 $MR=SMC$ 的利润最大化原则，厂商利润最大化的均衡点为 MR 曲线和 SMC 曲线的交点 E，相应的均衡产量为 Q_E。在 Q_E 产量上，平均收益为 EQ_E，平均成本为 FQ_E。由于平均收益小于平均成本，厂商亏损，亏损额等于图中阴影部分的面积。

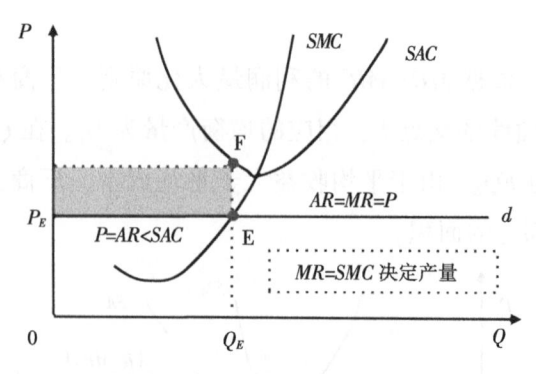

图 6-5 完全竞争厂商短期亏损

(二) 完全竞争厂商的停止营业点

如图 6-6 所示，在 E_1 点，平均收益大于平均成本，厂商有经济利润；在 E_2 点，平均收益等于平均成本，厂商收支平衡；在 E_3 点，平均收益大于平均可变成本，厂商虽然亏损，但如果经营，总收益可以补偿全部可变成本，还会补偿一部分固定成本，如果停业，没有可变成本也没有收益，损失全部固定成本，所以应继续营业；在 E_4 点，平均收益等于平均可变成本，收益对固定成本没有补偿，营业和不营业结果一样，都是损失全部固定成本，应停止营业。

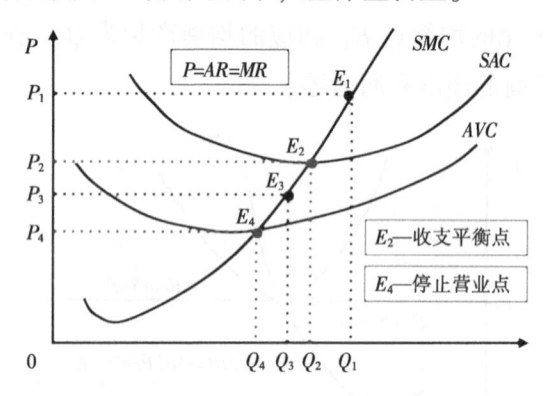

图 6-6 完全竞争厂商短期停止营业点

(三) 完全竞争厂商短期供给曲线

完全竞争厂商的短期供给曲线是以停止营业点为起点的短期边际成本曲线。

四、生产者剩余

生产者剩余是指厂商在提供某种产品时实际接受的收入量与其本来愿意接受的收入量之间的差额。如图 6-7 所示，均衡时市场生产者剩余为市场价格线以下、供给曲线以上的面积，即图中阴影部分的面积。

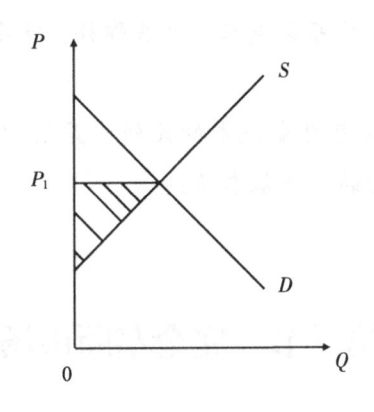

图 6-7　生产者剩余

五、完全竞争厂商的长期均衡

从长期看，厂商可以根据市场需求来调整全部生产要素，因此长期中企业可以扩大或缩小企业规模，进入或退出某一行业。竞争使厂商长期均衡的利润为零。

案例分析

假定某航空公司有几条飞往乙地的航线，乙地是一个以滑雪等冬季运动为主题的旅游胜地，所以开往乙地的航线有较明显的旺季和淡季区分。在淡季，该航空公司开往乙地的若干航班出现了亏损，公司的经营管理层需要作出决策：在淡季，这些亏损的航班到底是应该继续飞行，还是应该先停飞，等旺季来临再恢复航班？

假定某次航班的总收益是 6 万元，为开这次航班的可变成本为 4.3 万元，分摊的固定成本为 3.6 万元，即总成本为 7.9 万元。

可变成本是指由此次航班飞行所实际产生的成本，主要包括此次航班所用的燃油料的成本、为乘客提供食品和饮料的成本等支出，这类实际发生的成本产生于此次航班飞行，它甚至与飞行的里程数、乘客的数量等有关。

而航空公司在一定时期内的飞机数量、相关设备的数量等是既定的，而且不管是否有此次航班，航空公司购买飞机和相关设备的成本都已经支付，这部分成本就是固定成本。

总成本 7.9 万元大于总收益 6 万元，该次航班是亏损的。但是，由于总收益 6 万元大于总可变成本 4.3 万元，余额为 1.7 万元，这就可以用来弥补固定成本的一部分，所以应该继续开飞；相反，如果取消此次航班，当然就不会有收益，也不必支出可变成本，但是对既有的固定成本 3.6 万元没有任何补偿。所以，即便在淡季此次航班是亏损的，仍应该继续飞行。

当然，如果此次航班的总收益小于总可变成本，那就应该取消此次航班。因为在这种情况下，总收益连总可变成本都无法弥补，就更谈不上对固定成本的弥补了。

由此可见，对总收益和总可变成本的比较，是航空公司经营管理层决定在淡季亏损的航班是否继续飞行的一个基本原则。

第三节 完全垄断市场

一、完全垄断市场的特征及形成垄断的原因

（一）完全垄断市场的特征

1. 某种产品只有一个生产者和销售者；
2. 该产品具有不可替代性；
3. 其他厂商不能进入该产品市场。

（二）形成垄断的原因

1. 厂商控制了关键的生产资源，这种对生产资源的独占，排除了经济中的其他厂商生产同种产品的可能性；

2. 厂商拥有生产和销售某种产品的专利权，厂商可以在一定时期内垄断该产品的生产；

3. 政府特许经营，政府对某些行业特许一个厂商独家经营，如铁路、供电、供水等部门；

4. 规模经济派生的自然垄断，某产品的市场需求完全由一个企业生产才能达到规模经济要求，当某个厂商凭借其经济实力和其他优势达到这一生产规模时，就垄断了这个行业的生产和销售。垄断厂商平均成本低，其他厂商无法与之竞争，如一些稀有金属的生产。

二、完全垄断厂商的需求曲线和收益曲线

（一）完全垄断厂商的需求曲线

完全垄断厂商的需求曲线就是市场需求曲线。完全垄断市场中只有一个厂商，它是一条向右下方倾斜的曲线。完全垄断厂商可以通过改变销售量来控制市场价格。完全垄断厂商的销售量与市场价格反方向变动。

(二) 完全垄断厂商的收益曲线

1. 完全垄断厂商的收益曲线

由于需求曲线向右下方倾斜，增加销售量就需要降低价格，因此，

平均收益 AR 曲线向右下方倾斜，与 P 的变动轨迹重合；

边际收益 MR 曲线向右下方倾斜，$MR=0$ 时，TR 最大；

总收益 TR 曲线随销量的增加而上升，$MR=0$ 后，随销量的增加而下降。

设 $TR=12Q-Q^2$，则 $MR=12-2Q$，$AR=(12Q-Q^2)/Q=12-Q$

如图 6-8 所示。

销售量	价格[=平均收益]	总收益	边际收益
0	12	0	12
1	11	11	10
2	10	20	8
3	9	27	6
4	8	32	4
5	7	35	2
6	6	36	0
7	5	35	−2
8	4	32	−4
9	3	27	−6
10	2	20	−8

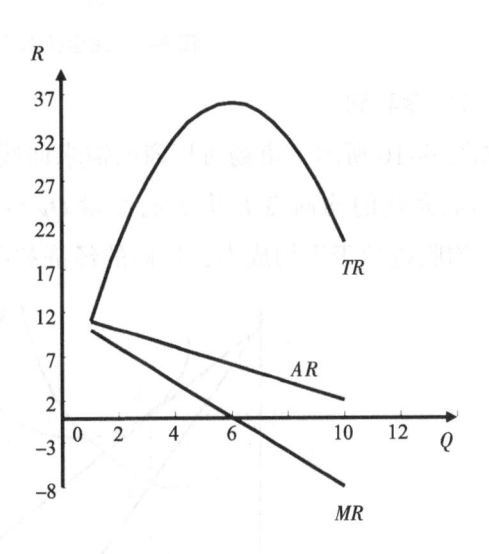

图 6-8 完全垄断厂商的收益曲线

2. 完全垄断厂商 TR、MR、AR 的关系

由于 $AR=P$，故 AR 曲线和需求曲线 d 重叠。

MR 曲线向右下方倾斜且在 AR 曲线的左下方。

$MR>0$，TR 斜率为正；$MR<0$，TR 斜率为负；$MR=0$，TR 达最大值。

三、完全垄断厂商的短期均衡

完全垄断厂商在短期内不能按市场需求调整全部生产要素，只能根据 $MR=MC$ 的原则来决定其产量，所以，完全垄断厂商的短期均衡有可能出现以下三种情况。

(一) 盈利

如图 6-9 所示，根据 $MR=SMC$ 的利润最大化的均衡条件，厂商利润最大化的均衡点为 MR 曲线和 SMC 曲线的交点 E，相应的均衡产量为 Q_E。在 Q_E 产量上，平均收益为 GQ_E，平均成本为 FQ_E。由于平均收益大于平均成本，厂商获得经济利

润，经济利润等于图中阴影部分的面积。

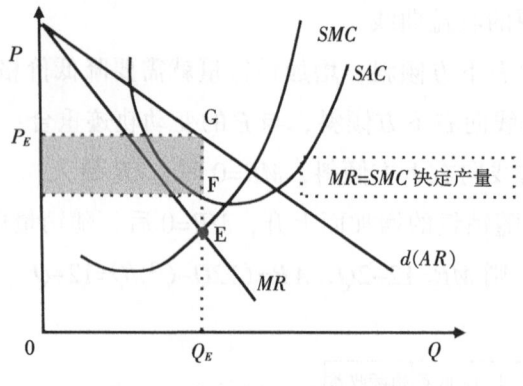

图 6-9 完全垄断厂商短期盈利

（二）零利润

如图 6-10 所示，市场对厂商的需求曲线 d 与 SAC 曲线相切，切点为 MR=SMC 的利润最大化的均衡点 E 决定的产量 Q_E 与平均收益线的交点 F。在均衡产量 Q_E 上，平均收益等于平均成本，厂商的经济利润为零。

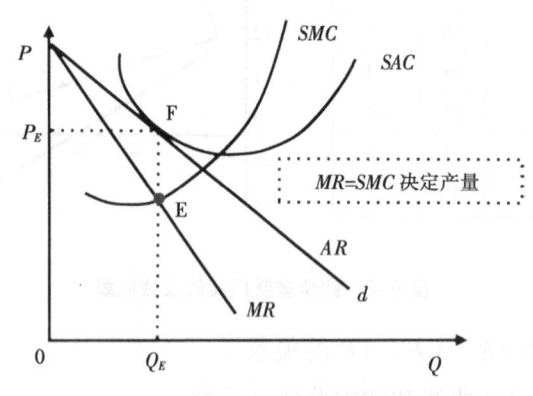

图 6-10 完全垄断厂商短期零利润

（三）亏损

如图 6-11 所示，根据 MR=SMC 的利润最大化的均衡条件，厂商利润最大化的均衡点为 MR 曲线和 SMC 曲线的交点 E，相应的均衡产量为 Q_E。在 Q_E 产量上，平均收益为 GQ_E，平均成本为 FQ_E。由于平均收益小于平均成本，厂商亏损，亏损额等于图中阴影部分的面积。

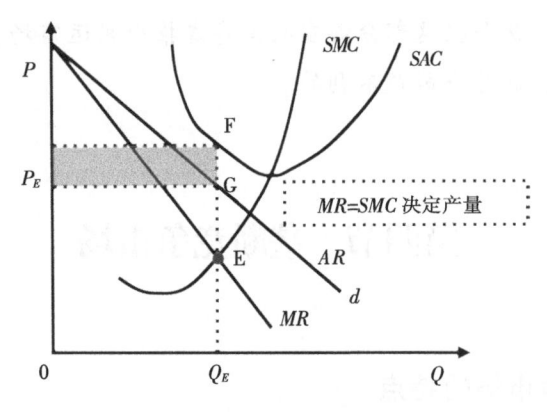

图 6-11 完全垄断厂商短期亏损

四、完全垄断厂商的长期均衡

完全垄断厂商在长期内可以调整全部生产要素投入量，从而实现最大利润。完全垄断厂商排除了其他厂商进入的可能性，因此完全垄断厂商可长期保持盈利。

五、价格歧视

价格歧视可以分为三级。

（一）一级价格歧视

一级价格歧视是指厂商对每一单位产品都按消费者所愿意支付的最高价格出售。一级价格歧视下垄断厂商占有了全部消费者剩余。

（二）二级价格歧视

二级价格歧视是指对不同的需求数量规定不同的价格。

（三）三级价格歧视

三级价格歧视是指对不同的消费群体规定不同的价格。在需求价格弹性小的市场提高价格，在需求价格弹性大的市场降低价格。

案例分析

在民航客票定价中，航空公司将潜在的乘机者划分为两种类型，相当于将客票销售分割成两个市场，针对不同群体收取不同价格。

一类是因公出差人员、私企公司高级职员等。他们对乘机时间要求较高，对票价不计较，因而，对他们可收取相对高的票价，而在时间上给予优惠。

另一类是收入较低的旅行人员、淡季出游者等。这部分人群对时间要求不高，但在乎票价。对于他们，在票价上可相对较低，而在时间要求上对航空公司有利。这样，可以充分利用民航的闲置客运能力，增加公司收益。若不进行市场分割，实

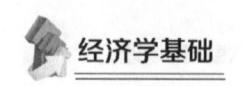

行单一的较高票价，就会把这部分潜在的消费者推出客运市场，公司的闲置客运能力便不能产生效益，这对公司是不利的。

第四节 垄断竞争市场

一、垄断竞争市场的特点

1. 产品之间既有差别（垄断），又有较高的替代性（竞争），产品有差别是垄断竞争市场形成的基本原因；
2. 厂商数量较多，每个厂商的行为影响很小，不会受到竞争对手的报复措施；
3. 厂商进入该产品市场比较容易。

现实中大多数商品的市场结构属于垄断竞争市场。

二、垄断竞争厂商的需求曲线

垄断竞争厂商的需求曲线是介于完全竞争和完全垄断之间的较为平坦的向右下方倾斜的曲线。

三、垄断竞争厂商的短期均衡

垄断竞争厂商在短期内不能按市场需求调整全部生产要素，只能根据 MR=MC 的原则来决定其产量。所以厂商的短期均衡有可能出现三种情况，与完全垄断类似。

（一）盈利

如图 6-12 所示，根据 $MR=SMC$ 的利润最大化的均衡条件，厂商利润最大化的均衡点为 MR 曲线和 SMC 曲线的交点 E，相应的均衡产量为 Q_E。在 Q_E 产量上，平均收益为 GQ_E，平均成本为 FQ_E。由于平均收益大于平均成本，厂商获得经济利润，经济利润等于图中阴影部分的面积。

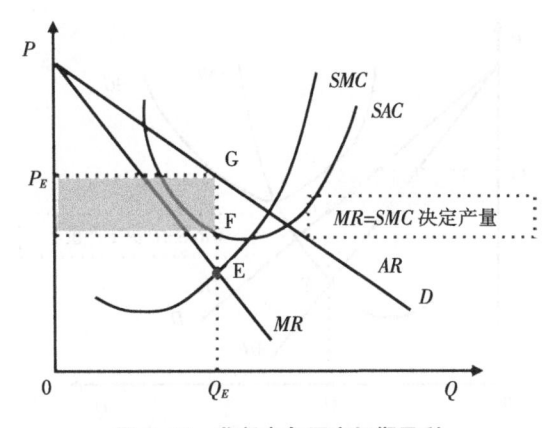

图 6-12 垄断竞争厂商短期盈利

（二）零盈利

如图 6-13 所示，市场对厂商的需求曲线 d 与 SAC 曲线相切，切点为 $MR=SMC$ 的利润最大化的均衡点 E 决定的产量 Q_E 与平均收益线的交点 F。在均衡产量 Q_E 上，平均收益等于平均成本，厂商的经济利润为零。

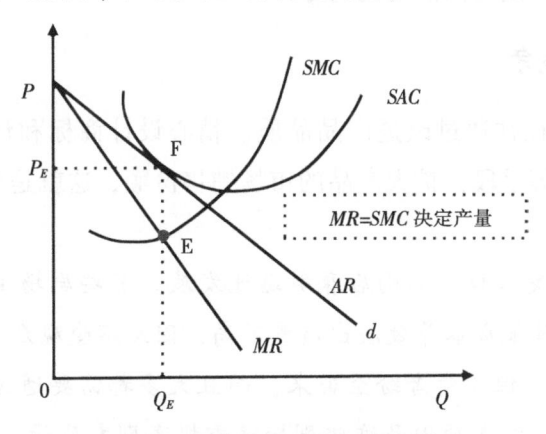

图 6-13 垄断竞争厂商短期零利润

（三）亏损

如图 6-14 所示，根据 $MR=SMC$ 的利润最大化的均衡条件，厂商利润最大化的均衡点为 MR 曲线和 SMC 曲线的交点 E，相应的均衡产量为 Q_E。在 Q_E 产量上，平均收益为 GQ_E，平均成本为 FQ_E。由于平均收益小于平均成本，厂商亏损，亏损额等于图中阴影部分的面积。

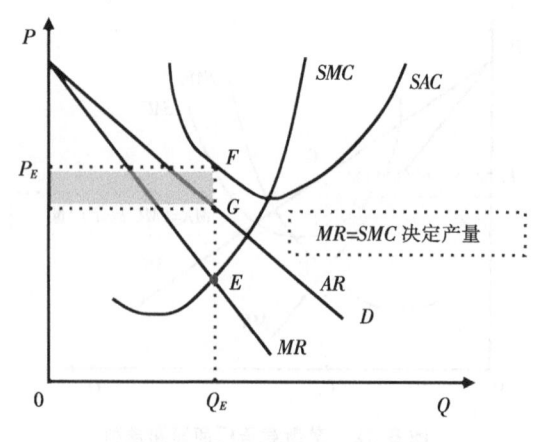

图 6-14 垄断竞争厂商短期亏损

四、垄断竞争厂商的长期均衡

由于产品具有较高的替代性，某一家厂商具有超额利润只能是暂时的，从长期看，竞争使厂商长期均衡的利润为零。

五、非价格竞争

垄断竞争厂商往往通过改进产品品质、精心设计商标和包装、改善售后服务以及进行广告宣传等手段，扩大产品的市场销售份额，这就是非价格竞争。

案例分析

北京小剧场脍炙人口，如雨后春笋迅速发展。有些剧场由于竞争激烈不断降低价格，但是为了降低成本导致演出质量不高，因此不受观众欢迎。但是，还有部分剧场虽然价格贵，但消费者纷至沓来，而且大多都需要通过网络、电话提前预订，经过调查分析，根本原因是这些剧场注重提高剧本质量、提高演员演出质量，所以能在激烈竞争中独占鳌头。

第五节 寡头垄断市场

一、寡头垄断的特点

1. 一个行业只有几家大厂商，每一厂商都占有很大份额；
2. 其他厂商进入市场相当困难；
3. 厂商之间存在着明显的相互依赖性。

二、寡头垄断市场价格决定

寡头垄断市场价格决定方式分为不存在勾结或存在勾结两种情况。在不存在勾结情况下，价格决定方法是价格领先制和成本加成法；在存在勾结情况下，则是卡特尔。

（一）价格领先制

价格领先制是指一个行业的价格通常由某一寡头率先制定，其余寡头追随其后确定价格。

（二）成本加成法

成本加成法是寡头垄断市场最常用的定价方法。这种方法是在核定成本的基础上，加上一个百分比或预期利润额来确定价格。例如，某行业单位产品的平均成本为 100 元，利润率为 10%，则该行业产品价格定为 110 元。

（三）卡特尔

卡特尔是指几家寡头企业协调行动，共同确定价格，以使整个行业利润达到最大的垄断组织形式。由于卡特尔成员之间的矛盾，有时达成的协议很难兑现。

三、博弈论的运用

博弈论是研究人们在各种策略下如何行事。囚徒困境是博弈论中最经典例子之一。

囚徒困境讲的是两个嫌疑犯作案后被警察抓住，隔离审讯。警察知道两人有罪，但缺乏足够证据。警察告诉每个人：如果两人都沉默，各判刑 1 年；如果两人都坦白，各判 8 年；如果两人中一个坦白而另一个沉默，坦白的放出去，沉默的判 10 年，如表 6-2 所示。

于是，每个囚徒都面临两种选择：坦白或沉默。然而，不管同伙选择什么，每个囚徒的最优选择都是坦白。因为如果同伙沉默、自己坦白而放出去，沉默判 1 年，坦白比沉默好；如果同伙坦白、自己坦白判 8 年，沉默判 10 年，坦白还是比沉默好。结果，两个嫌疑犯都选择坦白，各判 8 年。囚徒困境反映了寡头之间卡特尔合作是困难的。

表 6-2　囚徒困境

囚犯 A ＼ 囚犯 B	坦白	沉默
坦白	(8,8)	(0,10)
沉默	(10,0)	(1,1)

第七章 收入分配理论

第一节 生产要素的价格

一、生产要素的种类

生产要素是厂商在生产中投入的要素，包括劳动、资本、土地、企业家才能等，如表7-1所示。

表7-1 生产要素种类

生产要素	收入形式	要素所有者
劳动	工资	劳动者
资本	利息	资本家
土地	地租	土地所有者
企业家才能	利润	企业家

二、生产要素的价格决定论

(一) 边际生产力论

边际生产力论由美国经济学家J.B.克拉克提出，是指在其他条件不变的前提下，生产要素的价格取决于其边际生产力，生产要素的边际生产力存在递减规律。

(二) 均衡价格论

均衡价格论是指生产要素的价格由其需求和供给共同决定。均衡价格论实际上是对边际生产力论的补充和完善。

三、生产要素需求的特点

(一) 派生需求

派生需求也称引致需求，是指消费者对产品的需求导致厂商对生产要素的需求，如消费者购买面包引致面包厂商对烤箱的需求等。

(二) 共同需求

共同需求是指厂商对多种生产要素相互依赖的需求。人、机器、原材料的结

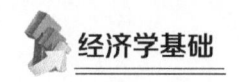

合才能进行生产，生产要素需求的共同性决定对某种生产要素的需求，不仅取决于该要素自身价格，而且也受其他要素价格的影响。

四、工资

(一) 劳动需求

劳动需求是厂商的劳动力需求，由劳动的边际生产力决定。劳动的需求量与工资是反方向变动关系。

(二) 劳动供给

劳动供给是消费者对其时间资源的分配。消费者的既定时间资源可分为劳动和闲暇。闲暇时间包括除必需的睡眠时间和劳动供给之外的全部活动时间。闲暇与劳动之间的选择实质上是闲暇与收入之间的选择。

L 表示劳动力数量，W 表示工资，劳动供给曲线如图 7-1 所示。工资较低时，劳动供给随工资增加而增加；工资达到一定高度继续提高，劳动供给随工资增加而减少，即人们足够富足时，会珍惜闲暇，减少劳动供给。

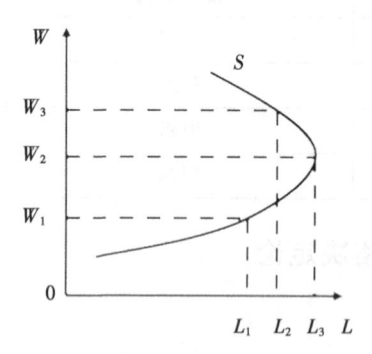

图 7-1 劳动供给曲线

(三) 均衡工资的决定

如图 7-2 所示，劳动的需求和供给相交决定均衡工资。

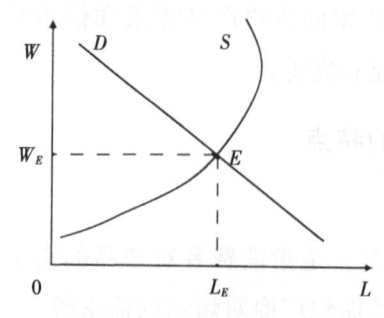

图 7-2 均衡工资的决定

五、地租

(一) 土地交易及其价格

1. 土地源泉交易及其价格

土地源泉交易是土地所有权的转移，所形成的交易价格为土地价格。

2. 土地服务交易及其价格

土地服务交易是土地使用权的让渡，所形成的交易价格为地租。经济学主要研究土地服务市场及其价格。

(二) 土地的需求与供给

土地的需求由土地的边际生产力决定。对社会而言，土地供给是既定的，无弹性，是一条垂线。但对单个厂商而言，土地供给具有一定弹性。

(三) 地租

地租是使用土地而支付的报酬，地租由土地的需求与供给相交决定。

六、利息

(一) 资本市场和利息

资本市场是资本使用权转让的市场。

利息是提供资本服务所获得的报酬。

利息率（利率）是利息与资本价值之比。

(二) 资本需求

资本需求由资本的边际生产力决定。资本的边际生产力决定了资本的预期利润率。厂商所能够接受的利率由资本的预期利润率决定。

(三) 资本供给

资本供给的来源是居民储蓄。消费者收入在消费和储蓄之间分配，或在现期消费与远期消费之间选择。决定居民储蓄的因素包括居民收入、利率、消费习惯等。

(四) 利率

同工资和地租一样，利率由资本的需求和供给相交决定。

第二节 洛伦兹曲线和基尼系数

一个社会收入分配是否公平的重要衡量标准是洛伦兹曲线和基尼系数。

一、洛伦兹曲线

如图 7-3 所示,横轴表示人口累计百分比,纵轴表示收入累计百分比,直线 OL 为 45°线,曲线 ODL 为洛伦兹曲线。洛伦兹曲线弯曲越大,收入分配越不平等。

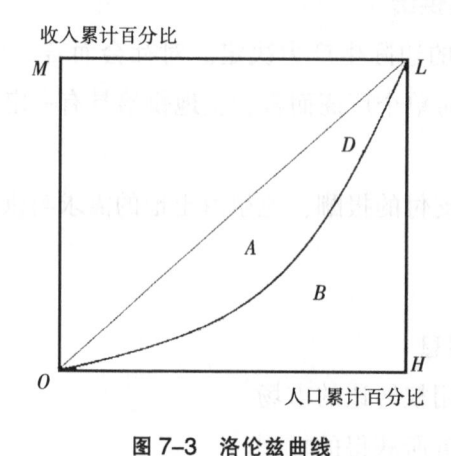

图 7-3 洛伦兹曲线

二、基尼系数

假设洛伦兹曲线与对角线所夹面积为 A,$\triangle OHL$ 面积为 $A+B$,则基尼系数:

$$G = \frac{A}{A+B}, \quad 0 \leqslant G \leqslant 1$$

基尼系数越小,收入分配越平均;基尼系数越大,收入分配越不平均。国际上通常把 0.4 作为贫富差距的警戒线,大于这一数值容易出现社会动荡。

第八章 市场效率分析

第一节 市场效率与市场失灵

一、市场效率

通常用社会总剩余衡量社会经济福利,前面我们学过消费者剩余和生产者剩余,则社会总剩余表示为:

$$总剩余=消费者剩余+生产者剩余$$
$$=支付意愿-P_1Q_1+P_1Q_1-生产成本$$
$$=支付意愿-生产成本$$

如图 8-1 所示,社会总剩余为需求曲线和供给曲线到均衡点之间的总面积。均衡时社会总剩余最大,即社会总福利最大,所以市场配置资源是有效率的。

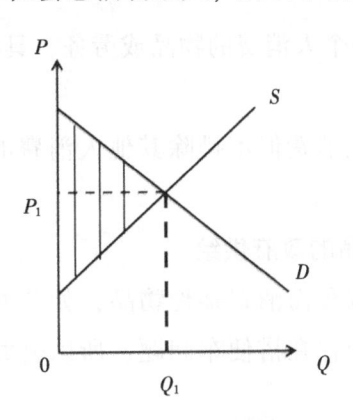

图 8-1 社会总剩余

二、市场失灵

(一) 市场失灵

市场失灵是指市场机制在某些场合无能为力,主要表现在两个方面:

(1) 特定场合,无法实现社会资源的有效配置,如战乱时期;
(2) 单纯效率,将会产生不能接受的分配结果,如贫富悬殊。

(二) 市场失灵的主要原因

1. 市场垄断，影响资源配置效率；
2. 市场行为的外部性，会产生负面的外溢效果；
3. 市场机制不能保证公共物品供给；
4. 信息不对称，导致经济的不确定性和交易的不平等性；
5. 单纯效率的分配结果，带来人们对市场机制的抵制。

三、政府干预

市场失灵需要政府干预，政府干预的目标是效率兼顾公平，保持社会和谐有序。政府干预手段包括经济手段、法律手段和行政手段。

第二节 公共物品与外部影响

一、私人物品与公共物品

(一) 私人物品

私人物品是指只能由一个人消费的物品或劳务，具有竞争性和排他性。

(二) 公共物品

公共物品是指由每个人消费但不排除其他人消费的物品或劳务，具有非竞争性和非排他性。

(三) 搭便车与公共物品的政府供给

搭便车是指某些人不购买而消费某种物品，如公共设施。私人物品不存在搭便车问题，但公共物品则会存在搭便车问题，所以公共物品需由政府通过征税供给。

二、外部影响

(一) 外部影响

外部影响分为外部经济和外部不经济。外部经济是指对他人产生有利影响但没有得到补偿的经济活动，如环保投入；外部不经济是指对他人产生不利影响但没有支付成本的经济活动，如环境污染。

尽管每一个生产者或消费者造成的外部经济或外部不经济对整个社会微不足

道，但所有这些消费者和生产者加总起来，造成的外部经济或不经济的总后果是巨大的。

(二) 政府解决外部影响的方式

1. 津贴和税收

对带来外部经济的企业，国家可以采取给予津贴的办法，使企业的私人利益与社会利益相等。

对造成外部不经济的企业，国家可以对其征税，税额等于该企业给社会其他成员造成的损失（即外部成本），使该企业的私人成本等于社会成本。

2. 企业合并

假设第一个企业对第二个企业造成污染，如把两个企业合并为一个企业，则外部影响被"内部化"，合并后的企业为了自己的利益将解决污染问题。

3. 规定财产权

许多情况下，外部影响导致资源配置失当是由于财产权不明确。如果财产权完全确定并得到充分保障，有些外部影响就不会发生。

(三) 科斯定理

由于各国普遍存在难以解决的外部影响问题，近几年，有些产权经济学者认为，外部影响之所以产生，关键在于产权界定不清晰和不充分，可以通过界定产权来消除外部影响。

科斯定理是指如果产权得到明确界定，并且协商或谈判活动发生的交易成本很小，那么在有外部影响的市场上，无论所涉及资源的产权属于哪一方，交易双方总能通过协商谈判达到资源的有效率配置。

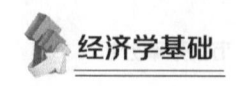

第九章 宏观经济指标

第一节 国内生产总值

一、国内生产总值

国内生产总值（Gross Domestic Product，简称GDP）是指一国或一地区在一定时期内运用生产要素所生产的全部最终产品（物品和劳务）的市场价值总和。

GDP以国土为统计原则。只要产品在一国国内生产，无论生产者国籍是本国还是外国，都包括在该国GDP中。国民生产总值（GNP）是一国国民在一定时期内运用生产要素所生产的全部最终产品（物品和劳务）的市场价值，它以国民为统计原则，包括本国公民在国内和国外生产的最终产品价值，不包括外国人在本国生产的最终产品价值。

GDP是市场价值，即全部最终产品的价格乘以产量之和。

GDP衡量最终产品的市场价值总和。中间产品用于再出售生产别种产品，其价值已作为成本包含在最终产品价值中，因此计算GDP只计算最终产品的市场价值。

GDP衡量一定时期生产而非销售的最终产品的价值。例如，一个企业生产100万元最终产品，只卖掉90万元产品，计入GDP是100万元，所剩10万元看作存货投资；如果该企业生产100万元最终产品，卖掉120万元产品，计入GDP仍是100万元，只是库存减少了20万元。

GDP指市场活动导致的价值。家务劳动、自给自足生产等非市场活动不计入GDP。

GDP是衡量一个国家或地区经济状况和发展水平的重要指标，在宏观经济学中，除非特别加以标明，国民收入指的是国内生产总值。

二、GDP 的核算方法

1. 支出法

根据产出等于支出，GDP 包括消费支出（C）、投资支出（I）、政府购买（G）、净出口（出口减进口，X–M），所以 GDP=C+I+G+（X–M）。以我国国内生产总值为例，如表 9-1 所示（政府购买被分解为消费和投资）。

表 9-1 支出法国内生产总值及构成

年份	国内生产总值（亿元）合计	最终消费支出（亿元）居民消费支出	最终消费支出（亿元）政府消费支出	资本形成总额（亿元）固定资本形成总额	资本形成总额（亿元）存货变动	货物和服务净出口（亿元）出口	货物和服务净出口（亿元）进口
2016	745981	288668	122138	310145	8054	146177	129201
2017	828983	320690	135829	348300	9586	163847	149268
2018	915774	354124	152011	393848	8737	175694	168640
2019	990708	387188	165444	422451	4227	182470	171072
2020	1025917	387176	169810	435683	6718	188805	162275

资料来源：《中国统计年鉴（2021 年）》。

2. 收入法

根据产出等于收入，GDP=工资+利息+租金+利润+间接税+企业转移支付+折旧。

三、名义 GDP 与实际 GDP

名义 GDP 是用生产物品和劳务的当年价格计算的全部最终产品的市场价值。

实际 GDP 是用从前某一年作为基期价格计算的全部最终产品的市场价值。实际 GDP 是为了剔除价格影响，真实反映一国实际产出（生产能力）的变化。实际 GDP 作为衡量经济福利指标优于名义 GDP。

如表 9-2 所示，假设某国最终产品以香蕉和服装为代表，则以 2006 年价格计算的 2016 年的实际国内生产总值是 260 万美元。

表 9-2 名义 GDP 和实际 GDP

	2006 年名义 GDP	2016 年名义 GDP	2016 年实际 GDP
香蕉	1 美元×15 万单位 =15 万美元	1.5 美元×20 万单位 =30 万美元	1 美元×20 万单位 =20 万美元
服装	40 美元×5 万单位 =200 万美元	50 美元×6 万单位 =300 万美元	40 美元×6 万单位 =240 万美元
合计	215 万美元	330 万美元	260 万美元

从 2006 年到 2016 年，GDP 名义上从 215 万美元增加到 330 万美元，实际只增加到 260 万美元，即扣除物价变动因素，GDP 只增长了 20.9%[(260−215)÷215=20.9%]，而名义上却增长了 53.5%[(330−215)÷215=53.5%]。

如果不作特殊说明，以后各章所讲的产出总是指实际 GDP，以英文小写字母表示实际 GDP 及其他变量，如用 y、c、i、g 分别表示实际收入、消费、投资和政府支出。

第二节 物价指数

一、消费价格指数

1. 消费价格指数含义

消费价格指数（Consumer Price Index，简称 CPI）又称生活费用价格指数，是指通过计算居民日常消费的生活用品和劳务的价格水平变动而得到的价格指数。公式为

$$CPI = \frac{现期价格总额}{基期价格总额} \times 100\%$$

2. 消费价格指数计算方法

（1）固定篮子，确定权数，确定哪些物价对消费者最重要，并根据重要性确定权数；

（2）找出价格；

（3）计算这一篮子东西的费用；

（4）选择基期并计算指数。

假设一篮子商品是 4 斤大米和 2 斤鸡蛋，两种商品在 2010 年（基期）和 2021

年（现期）的价格如表 9-3 所示。

表 9-3　一篮子商品举例

商品	权重	2010 年价格（基期）	2021 年价格（现期）
大米	4 斤	1 元/斤	1.5 元/斤
鸡蛋	2 斤	2 元/斤	4 元/斤

基期价格总额=1×4+2×2=8（元）

现期价格总额=1.5×4+4×2=14（元）

2010 年消费价格指数=8÷8×100%=100%

2021 年消费价格指数=14÷8×100%=175%

说明从 2010 年到 2021 年，消费物价水平上升了 75%。

二、生产者价格指数

生产者价格指数是指通过计算生产者在生产过程中所有阶段上所获得产品的价格水平变动而得到的指数，这些产品包括制成品和原材料。

三、GDP 平减指数

$$\text{GDP 平减指数} = \frac{\text{名义 GDP}}{\text{实际 GDP}}$$

GDP 平减指数用于修正名义 GDP 数值，从中去掉通货膨胀因素，统计计算对象包括所有计入 GDP 的最终产品和劳务。

以表 9-2 为例，2016 年 GDP 平减指数=330÷260=126.9%，说明从 2006 年到 2016 年该国物价水平上升了 26.9%。

第十章 国民收入决定

第一节 收入—支出模型

收入—支出模型只考虑产品市场均衡时国民收入决定。

一、两部门经济国民收入决定

两部门经济只有居民和企业，从支出角度，国民收入由居民消费和企业投资构成，即 $y=c+i$；从收入角度，国民收入由消费和储蓄构成，即 $y=c+s$；所以产品市场均衡时 $i=s$。

消费函数为 $c=\alpha+\beta y$（α、$\beta>0$），α 是自发消费，β 是收入对消费的影响系数，βy 是引致消费。

储蓄函数为 $s=y-c=-\alpha+(1-\beta)y$

均衡国民收入为

$$y=c+i=\alpha+\beta y+i$$

$$y=\frac{\alpha+i}{1-\beta}$$

二、三部门经济国民收入决定

三部门经济包括居民、企业和政府，国民收入由消费、投资和政府购买构成，即 $y=c+i+g$。

在有政府部门的情况下，消费取决于可支配收入，可支配收入（y_d）等于国民收入减去税收（t）加上政府转移支付（tr），即 $y_d=y-t+tr$。

消费函数为 $c=\alpha+\beta y_d=\alpha+\beta(y-t+tr)$

均衡国民收入为

$$y=c+i+g=\alpha+\beta(y-t+tr)+i+g$$

$$y=\frac{1}{1-\beta}(\alpha+i+g-\beta t+\beta tr)$$

现实中，国民收入由消费、投资、政府购买、净出口构成，政府购买最终会被分解为消费和投资，所以消费、投资和净出口被称为拉动我国经济增长的"三驾马车"。

三、潜在国民收入

潜在国民收入是指充分就业状态下的国民收入，是指利用社会上一切可利用的经济资源（劳动、资本、土地等）所能生产的产品和劳务的最大值。

案例分析

（1）假设消费函数 $c=600+0.8y$，投资 i 为 200 亿元，求该两部门均衡国民收入。

$y=c+i=600+0.8y+200$

$y=4000$（亿元）

（2）假定消费函数 $c=1000+0.8y_d$（y_d 为可支配收入），政府税收 $t=50$，转移支付 $tr=10$，投资 $i=100$，政府购买支出 $g=150$，单位都是亿元，求该三部门均衡国民收入。

$y=c+i+g=1000+0.8(y-50+10)+100+150$

$y=6090$（亿元）

第二节 IS-LM 模型

IS-LM 模型考虑产品市场和货币市场同时均衡时国民收入决定。

一、IS 曲线

以两部门经济为例。

（一）投资函数

投资是利率的减函数，利率上升，投资减少；利率下降，投资增加。投资函数可表示为 $i=e-dr$（e、$d>0$），e 是自发投资，d 是利率对投资的影响系数。

（二）IS 曲线

IS 曲线是表示产品市场均衡时利率与国民收入之间关系的曲线。

两部门经济中产品市场均衡时投资等于储蓄，即

$$i=s$$

$$e-dr=-\alpha+(1-\beta)y$$

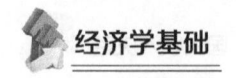

IS 曲线为

$$r = \frac{\alpha + e}{d} - \frac{1-\beta}{d} y$$

如图 10-1 所示。

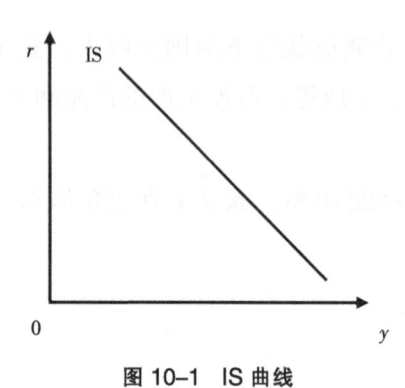

图 10-1 IS 曲线

二、LM 曲线

(一) 货币需求

人们需要货币的动机主要有三种：

1. 交易动机货币需求（L_1），主要是用于日常购买交易而持有的货币。
2. 预防动机货币需求（L_2），主要是用于预防意外事件而持有的货币。

交易动机货币需求和预防动机货币需求与国民收入成正比，即

$$L_1 + L_2 = ky (k>0, y 是实际国民收入)$$

3. 投机动机货币需求（L_3），主要是用于购买债券盈利而持有的货币。

$$债券价格 = \frac{固定年息}{年利率}$$

根据公式，利率与债券价格成反向变动。

投机动机货币需求量与利率成反比。因为利率高，债券价格便宜，人们买进债券，支付货币，手中持有的投机动机货币数量变小；利率低，债券价格高，人们卖出债券，得到货币，手中持有的投机动机货币数量变大。用公式表示为

$$L_3 = -hr (h>0)$$

所以，货币需求（L）可表示为

$$L = L_1 + L_2 + L_3 = ky - hr$$

(二) 货币供给

1. 货币供给

货币供给由中央银行直接控制，与利率无关。货币供给包括：

$$M_1=硬币+纸币+活期存款$$
$$M_2=M_1+定期存款$$
$$M_3=M_2+个人和企业持有的政府债券$$

M_1 货币流动性最高，下面所讲的货币供给指 M_1。

2. 中央银行与商业银行

中央银行是国家行政机关，负责货币发行、货币政策制定、金融监管等，是国家中居主导地位的金融中心机构，也是国家干预和调控国民经济发展的重要工具。中国的中央银行为中国人民银行，简称央行。

商业银行是企业，以盈利为目的，受中央银行监管，其主要业务是吸收公众存款、发放贷款等。

3. 名义货币供给与实际货币供给

实际货币供给（m）等于名义货币供给（M）除以物价水平，即

$$m=\frac{M}{P}$$

（三）均衡利率

货币需求与货币供给相交决定均衡利率，如图 10-2 所示。

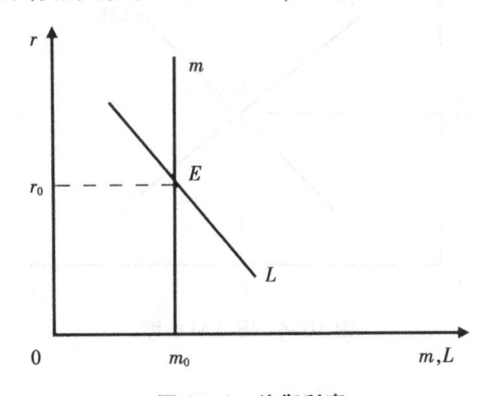

图 10-2 均衡利率

货币供给增加，货币供给曲线向右移动，利率下降；货币需求增加，货币需求曲线向右移动，利率上升。

（四）LM 曲线

LM 曲线是表示货币市场均衡时利率与国民收入之间关系的曲线。

货币市场均衡时货币需求等于货币供给，即

$$L=m$$
$$ky-hr=m$$

LM 曲线为

$$r = \frac{ky}{h} - \frac{m}{h}$$

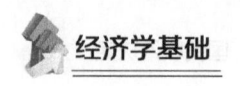

如图 10-3 所示。

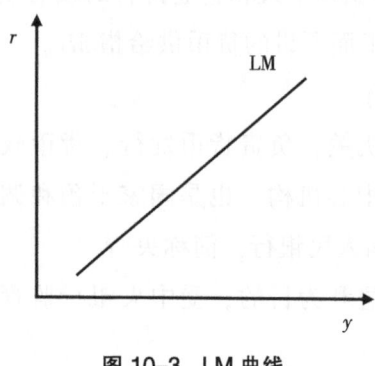

图 10-3 LM 曲线

三、IS–LM 模型

产品市场和货币市场同时均衡时，IS 曲线和 LM 曲线相交共同决定均衡国民收入为 y_0，均衡利率为 r_0，如图 10-4 所示。

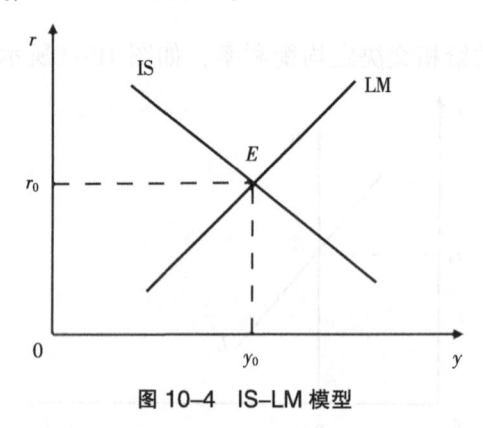

图 10-4 IS–LM 模型

案例分析

假设一个只有家庭和企业的两部门经济中，消费 $c=100+0.8y$，投资 $i=150-6r$，货币供给 $m=150$，货币需求 $L=0.2y-4r$。

(1) 求 IS 和 LM 曲线。

(2) 求产品市场和货币市场同时均衡时的利率和收入。

(1) 产品市场均衡时

$i=s=y-c$

$150-6r=y-(100+0.8y)$

IS 曲线为

$$r = \frac{125}{3} - \frac{1}{30}y$$

货币市场均衡时

$L=m$

$0.2y - 4r = 150$

LM 曲线为

$$r = \frac{1}{20}y - \frac{75}{2}$$

(2) 两市场同时均衡，IS 曲线和 LM 曲线相交决定均衡国民收入和利率，

即 $\begin{cases} r = \dfrac{125}{3} - \dfrac{1}{30}y \\ r = \dfrac{1}{20}y - \dfrac{75}{2} \end{cases}$

得 $\begin{cases} r = 10 \\ y = 950 \end{cases}$

第三节　总需求—总供给模型

总需求—总供给模型考虑产品市场、货币市场和要素市场同时均衡时国民收入决定。

一、总需求曲线

总需求（AD）由消费需求、投资需求、政府需求和国外需求构成，通常以国民收入来表示。

总需求曲线是表示总需求与价格水平之间关系的曲线。社会总需求与价格水平成反方向变动，即价格水平越高，总需求量越小；价格水平越低，总需求量越大，所以，总需求曲线向右下方倾斜，如图 10-5 所示。

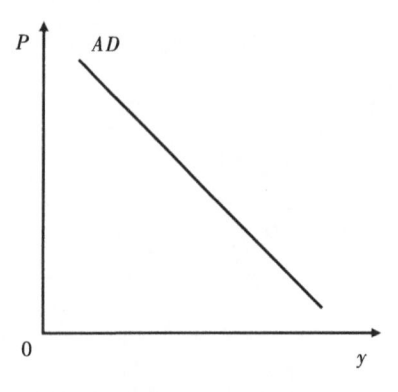

图 10-5 总需求曲线

总需求曲线向右下方倾斜的原因：

1. 物价水平下降，消费增加，总需求增加；

2. 物价水平下降，货币需求下降，利率下降，投资增加，总需求增加；

3. 本国物价水平下降，外国物价水平相对上升，以国内物品替代国外物品，进口减少，净出口增加，本国总需求增加。

二、总供给曲线

总供给（AS）是经济社会所提供的总产出，通常以国民收入来表示。

总供给曲线是表示总供给与价格水平之间关系的曲线。在不同资源利用情况下，总供给与价格水平之间的关系是不同的，如图 10-6 所示。

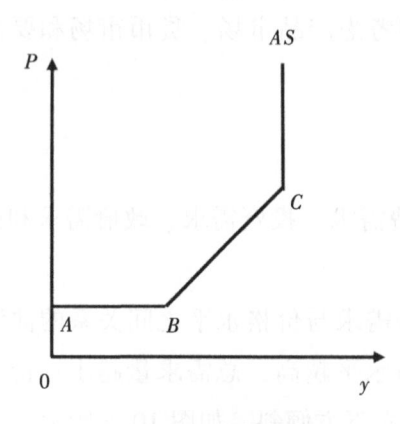

图 10-6 总供给曲线

1. 资源未充分利用阶段

资源未充分利用阶段即总供给曲线的 AB 段，与横轴平行，表明总供给增加而价格水平不变。此时经济运行一般处于萧条时期，社会存在大量闲置资源，所以总供给增加而价格水平不变。

2. 资源接近充分利用阶段

资源接近充分利用阶段即总供给曲线的 BC 段，向右上方倾斜，表明总供给与价格水平同方向变动。此时资源接近充分利用，总供给增加会引起生产要素价格上升，成本增加，价格水平上升。

3. 资源充分利用阶段

资源充分利用阶段即总供给曲线的 C 点以上部分，是一条垂线，表明总供给是固定值，与价格无关。此时资源已充分利用，无论价格如何上升，总供给也不会增加。

三、总需求—总供给模型

总需求曲线和总供给曲线相交共同决定均衡国民收入和价格水平。

如图 10-7 所示，在资源未充分利用阶段，总需求曲线与总供给曲线相交决定均衡国民收入为 y_1，均衡价格水平为 P_1；在资源接近充分利用阶段，总需求曲线与总供给曲线相交决定均衡国民收入为 y_2，均衡价格水平为 P_2；资源充分利用阶段，总需求曲线与总供给曲线相交决定均衡国民收入为 y_3，均衡价格水平为 P_3。

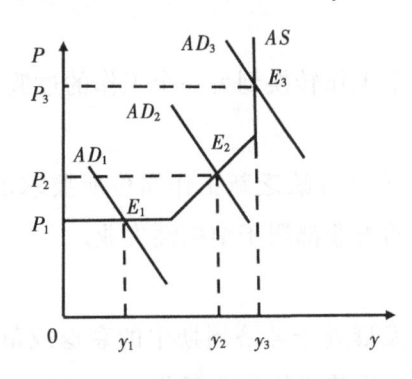

图 10-7 总需求—总供给模型

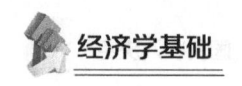

第十一章 失业与通货膨胀

第一节 失业

一、失业

失业是指有劳动能力、愿意接受现行工资水平但仍找不到工作的情况。

失业人口与就业人口之和就是劳动人口。

失业率是指失业人口占劳动人口的比重。

二、失业的原因

1. 摩擦性失业

摩擦性失业是指从一个工作转换到另一个工作的过渡之中所产生的失业。

2. 结构性失业

结构性失业是指由于劳动者缺乏新工作岗位所要求的技能而产生的失业。产业衰落、技术进步所引起的失业都属于结构性失业。

3. 周期性失业

周期性失业是指经济发展处于经济周期中的衰退或萧条时,社会总需求不足,厂商生产规模缩小,导致较为普遍的失业现象。

自然失业率是指经济中消灭了周期性失业以后的失业率,即摩擦性失业和结构性失业占劳动人口的比重。当一个社会只有摩擦性失业和结构性失业时,这个社会就实现了充分就业。

三、失业的影响

1. 失业对经济的影响

失业降低实际GDP。奥肯定律指出,失业率每高于自然失业率1%,实际GDP将低于潜在GDP2%。奥肯定律的一个重要结论是实际GDP必须保持与潜在GDP同样快的增长,以防止失业率上升。如果政府想让失业率下降,那么该经济社会实际 GDP 增长必须快于潜在 GDP 增长。

2. 失业对社会的影响

失业的社会影响最易为人们感受到。失业威胁着家庭稳定，没有收入，家庭的需要得不到满足，家庭关系将受到损害；失业者的自尊和自信受到影响，情感受到打击。

第二节 通货膨胀

一、通货膨胀

通货膨胀是指纸币发行量超过商品流通中实际需要的货币量引起纸币贬值、物价上涨的现象，即经济社会在一定时期价格水平持续显著上涨。

宏观经济学用价格指数描述整个经济中各种产品和劳务价格的总体平均数，即价格水平。价格指数主要有 GDP 平减指数、消费价格指数（CPI）和生产者价格指数（PPI）。

二、通货膨胀的衡量

通货膨胀程度通常用通货膨胀率衡量。通货膨胀率是指从一个时期到另一个时期价格水平变动的百分比，用公式表示为

$$\pi_t = \frac{P_t - P_{t-1}}{P_{t-1}}$$

其中，π_t 为 t 时期的通货膨胀率，P_t 和 P_{t-1} 分别为 t 时期和 $t-1$ 时期的价格水平。

假定一个经济的消费价格指数从上年的 100 增加到当年的 127，那么这一时期的通货膨胀率为 $\frac{127-100}{100} = 27\%$

三、通货膨胀的原因

1. 货币数量论

美国经济学家欧文·费雪提出交易方程：

$$MV = Py$$

其中，M为流通中的货币数量，V为货币流通速度，P为价格总水平或价格指数，y为一国实际国民收入。V是由公众支付习惯、使用信用范围大小、交通和通信方便与否等制度因素决定，在短期内不会迅速变化；y取决于资源、技术条件，在充分就业状态下没有太大变化，V和y被视为常量；价格水平P随着货币数量M正比例发生变化。央行迅速增加货币供给，物价上涨，会引发通货膨胀。

2. 需求拉动的通货膨胀

需求拉动的通货膨胀又称超额需求通货膨胀，是指总需求超过总供给所引起的一般价格水平持续显著上涨。总需求过度增长可能来自消费需求、投资需求、政府需求及国外需求。

3. 成本推动的通货膨胀

成本推动的通货膨胀是指在总需求不变情况下，由于供给方面成本提高所引起的一般价格水平持续显著上涨，包括工资推动的通货膨胀、原材料成本推动的通货膨胀和利润推动的通货膨胀。

4. 结构性通货膨胀

结构性通货膨胀是指由于某些部门的产品需求过多，这些部门物价和工资水平上升，之后其他部门物价和工资水平要向这些经济部门看齐，也都趋于上升，便出现全面通货膨胀。

第三节　菲利普斯曲线

一、菲利普斯曲线

菲利普斯曲线是用来描述失业率与通货膨胀率之间替代关系的曲线。失业率与通货膨胀率之间存在反向变动关系，当失业率高时，通货膨胀率低；当失业率低时，通货膨胀率高。

如图11-1所示，横轴表示失业率u，纵轴表示通货膨胀率π，向右下方倾斜的曲线PC即为菲利普斯曲线，菲利普斯曲线说明失业率与通货膨胀率之间存在替代关系。

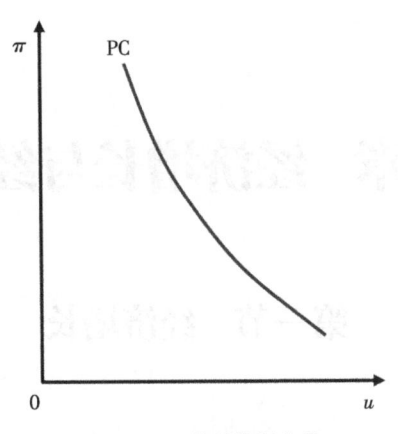

图 11-1　菲利普斯曲线

失业率高表明经济处于萧条阶段,此时工资与物价水平都较低,从而通货膨胀率也低;失业率低表明经济处于繁荣阶段,此时工资与物价水平都较高,从而通货膨胀率也高。

二、菲利普斯曲线的政策含义

菲利普斯曲线是西方宏观经济政策分析的基石,它表明政策制定者可以选择不同的失业率和通货膨胀率组合,可以用一定的通货膨胀率增加换取一定的失业率减少,或者用一定的失业率增加换取一定的通货膨胀率减少。

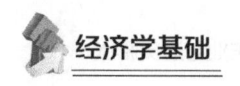

第十二章 经济增长与经济周期

第一节 经济增长

一、经济增长的含义

经济增长是指一个国家或地区生产商品和服务能力的增长，即产量的增加，这里的产量既可以指经济总产量，也可以指人均产量。

二、经济增长的源泉

无论发展中国家还是发达国家，其经济增长的源泉都包括四方面因素：劳动、资本、自然资源和技术。总生产函数可表示为

$$Q=Af(K, L, R)$$

其中，Q 为产出，K 为资本，L 为劳动力，R 为自然资源，A 为技术水平，f 为生产函数。提高潜在产出有两条途径，一是增加可供使用的资源数量，如增加劳动、资本和自然资源供给，可以增加产出水平；二是使用更多更好的生产技术，如新技术、新方法等，也可以增加产出水平。

三、促进经济增长的政策

1. 鼓励技术进步

技术进步会引起经济增长。政府在改善技术进步方面的一个重要领域是教育，一支高素质的研发团队是改善技术进步的关键因素之一。

2. 鼓励资本形成

增加资本会引起经济增长。政府鼓励资本形成主要归结为鼓励储蓄和投资。

政府可以鼓励私人部门提高储蓄和投资，也可以通过公共投资的方式直接促进资本形成，如修建铁路、公路、桥梁、机场等。

另外，政府也要使用外国投资。虽然这种投资的一部分收益属于外国所有者，但这种投资增加了该国的资本存量，提高了该国的生产率，所以许多发展中国家都

制定了鼓励外国投资的政策。

3. 增加劳动供给

增加劳动供给会引起经济增长。

所得税减免是加强激励、促使人们努力工作的一个途径。

人力资本是指劳动者通过教育和培训所获得的知识和技能，政府提供良好的教育、培训体系，并鼓励人们利用这样的体系，可以提高人力资本，促进经济增长。

4. 建立适当的制度

经济增长不仅取决于资源投入量，也取决于生产效率。各国生产效率不同的一个原因是指导稀缺资源配置的制度不同，因此创建适当的制度对经济增长是非常必要的。

制度是指能支配个人和企业行为的一套规则、体制和惯例。影响经济增长最基础、最根本的制度是产权，即对财产的保护，以免被他人占用。维护产权的基本方式是法制。

第二节　经济周期

一、经济周期的含义

经济周期是指国民收入及经济活动沿着经济发展的总体趋势所经历的有规律的周期性波动。

经济周期是经济增长率上升或下降的交替过程，衰退不一定表现为GDP绝对量下降，主要是GDP增长率下降。

二、经济周期的阶段

一个完整的经济周期包括四个阶段：复苏、繁荣、衰退、萧条。

复苏和繁荣为扩张阶段，是总需求和经济活动增长时期，通常伴随着就业、生产、工资、利率和利润上升。

衰退和萧条为收缩阶段，是总需求和经济活动下降时期，通常伴随着就业、生产、工资、利率和利润下降。

繁荣和萧条是两个主要阶段，衰退和复苏是两个过渡阶段。

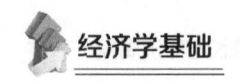

三、经济周期的分类

1. 康德拉季耶夫周期

康德拉季耶夫周期是前苏联经济学家康德拉季耶夫提出的一种长达 50~60 年的经济周期，该周期通过研究美国、英国、法国和其他一些国家长期的时间序列资料提出，是经济中的长周期。

2. 朱格拉周期

朱格拉周期是法国经济学家朱格拉提出的一种为期 9~10 年的经济周期，该周期以国民收入、失业率和大多数经济部门的生产、利润和价格的波动为标志加以划分，是经济中的中周期。

3. 基钦周期

基钦周期是英国经济学家基钦提出的一种为期 3~4 年的经济周期。基钦认为，经济周期有主要周期与次要周期，主要周期即中周期，次要周期为 3~4 年的短周期，即基钦周期。

4. 库兹涅茨周期

库兹涅茨周期是美国经济学家库兹涅茨提出的一种为期 15~25 年、平均长度为 20 年左右的经济周期，该周期主要以建筑业的兴旺和衰落这一周期性波动现象为标志加以划分，也被称为建筑周期。

5. 熊彼特周期

熊彼特周期是熊彼特以他的创新理论为基础，对各种周期理论进行综合分析提出的。熊彼特认为，每一个长周期包括 6 个中周期，每一个中周期包括 3 个短周期。短周期约为 40 个月，中周期为 9~10 年，长周期为 48~60 年。他以重大创新为标志，划分了三个长周期：第一个长周期从 18 世纪 80 年代到 1842 年是产业革命时期；第二个长周期从 1842 年到 1897 年是蒸汽和钢铁时期；第三个长周期从 1897 年以后是电气、化学和汽车时期。在每个长周期中仍有中等创新所引起的波动，这就形成若干个中周期，在每个中周期中还有小创新所引起的波动，形成若干个短周期。

第十三章 宏观经济政策

宏观经济政策的目标是充分就业、物价稳定、经济增长、国际收支平衡。

宏观经济政策可分为需求管理政策和供给管理政策，主要是需求管理政策。需求管理政策包括财政政策和货币政策。

第一节 财政政策

一、财政政策

财政政策是指政府变动税收和支出影响总需求，进而影响就业和国民收入的政策。

财政政策包括扩张性财政政策和紧缩性财政政策。

经济萧条时采用扩张性财政政策，主要是降低税收、增加政府购买，从而刺激投资和消费增加，扩大总需求，提高国民收入。尽管总需求增加会使货币需求增加，利率上升，挤出部分投资，但总体上国民收入增加。

经济过热时采用紧缩性财政政策，主要是提高税收、减少政府购买，从而减少投资和消费，降低总需求，减轻通货膨胀。

如图 13-1 所示，以经济萧条时政府采用扩张性财政政策为例。经济萧条时，社会资源大量闲置，可以在保持价格水平不变情况下增加总供给。如政府购买增加，总需求从 AD_1 增加至 AD_2，使货币需求由 L_1 增加至 L_2，利率由 r_1 升至 r_2，投资下降，部分抵消了总需求最初的增加，使总需求从 AD_2 减至 AD_3，但总体上总需求增加，国民收入从 y_1 增加至 y_3。

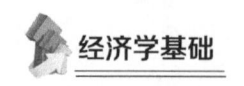

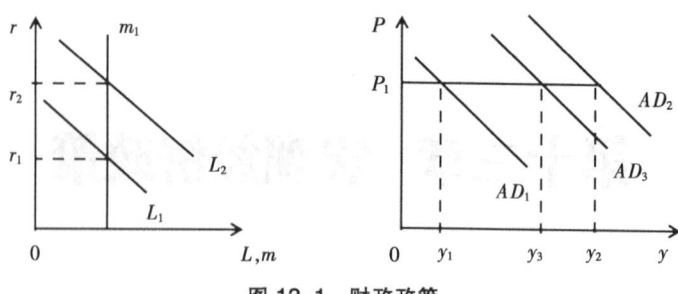

图 13-1 财政政策

二、财政政策工具

国家财政由政府收入和支出两方面构成，政府收入包括税收和公债，政府支出包括政府购买和转移支付。

1. 税收

税收是政府收入中最主要的部分，具有强制性、无偿性和固定性三个基本特征。

经济萧条时，政府降低税收，个人和企业可支配收入增加，刺激消费和投资增加，扩大总需求，提高国民收入；经济过热时，政府增加税收，个人和企业可支配收入减少，抑制消费和投资，降低总需求，减轻通货膨胀。

2. 公债

公债是政府对公众的债务。当政府税收不足以弥补政府支出时，政府就会发行公债，使公债成为政府财政收入的又一组成部分。

3. 政府购买

政府购买指政府对产品和劳务的购买，如购买军需品、购买机关办公用品、发放政府雇员报酬、实施公共项目工程所需的支出等。政府购买是实质性支出，直接形成社会需求和购买力。

经济萧条时，增加政府购买可以增加国民收入；经济过热时，减少政府购买，降低社会总需求，减轻通货膨胀。

4. 政府转移支付

政府转移支付是指政府在社会福利保险、贫困救济和补助等方面的支出。转移支付不能算作国民收入组成部分，是政府将收入在不同社会成员之间进行转移和重新分配，全社会总收入并没有变动。

经济萧条时，失业增加，政府提高转移支付水平，人们可支配收入增加，消费和投资增加，扩大总需求，提高国民收入；经济过热时，政府降低转移支付水平，人们可支配收入减少，消费和投资减少，降低总需求，减轻通货膨胀。

第二节 货币政策

一、货币政策

货币政策是中央银行通过银行体系变动货币供给量来调节总需求的政策。

货币政策与财政政策的不同之处在于，财政政策直接影响总需求，这种直接作用没有任何中间变量；而货币政策要通过利率变动影响总需求，是间接发挥作用。

货币政策分为扩张性货币政策和紧缩性货币政策。

经济萧条时采用扩张性货币政策，增加货币供给量，降低利率，刺激投资和消费增加，扩大总需求，提高国民收入；经济过热时采用紧缩性货币政策，减少货币供给量，提高利率，减少投资和消费，降低总需求，减轻通货膨胀。

如图 13-2 所示，以经济萧条时政府采用扩张性货币政策为例。在货币市场上，货币供给由 m_1 增加至 m_2，利率由 r_1 降至 r_2，减少贷款成本和储蓄收益，刺激投资和消费增加，在产品市场上总需求由 AD_1 增加至 AD_2，国民收入由 y_1 增加到 y_2。

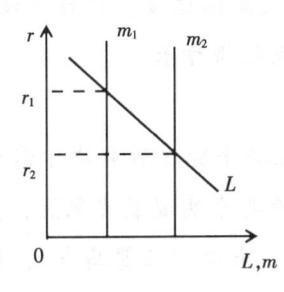

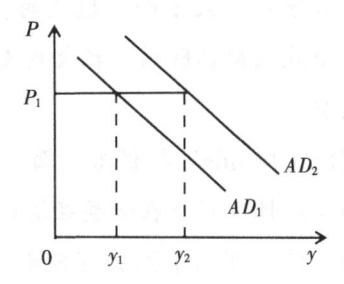

图 13-2 货币政策

二、货币政策工具

中央银行一般通过公开市场业务、再贴现率和法定准备金率三种主要的货币政策工具来改变货币供给量，以达到宏观经济调控的目标。

1. 公开市场业务

公开市场业务是指中央银行在金融市场上公开买卖政府债券以控制货币供给量和利率的政策行为，是目前中央银行控制货币供给量最重要最常用的工具。

中央银行买进债券，货币供给量增加；中央银行卖出债券，货币供给量减少。

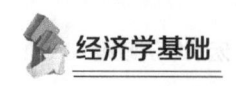

2. 再贴现率

再贴现率是中央银行对商业银行及其他金融机构的贷款利率。

中央银行提高再贴现率，商业银行向中央银行借款减少，货币供给量减少；中央银行降低再贴现率，商业银行向中央银行借款增加，货币供给量增加。

3. 法定准备金率

商业银行吸收的存款不管是否为活期存款，银行都有随时给客户提取的义务，即使是定期存款，客户也可以在一定条件下将其变成活期存款。尽管如此，很少出现所有储户在同一时间取走全部存款的现象，所以银行可以把绝大部分存款用于贷款或购买短期债券等盈利活动，只需留下一部分存款作为应付提款需要的准备金。

这种经常保留的供支付存款提取用的一定金额称为存款准备金。存款准备金在存款中应当占的最低比率由中央银行规定，这一比率为法定准备金率，按法定准备金率提留的准备金是法定准备金。

中央银行提高法定准备金率，货币供给量减少；中央银行降低法定准备金率，货币供给量增加。

案例分析 1

疫情以来，我国实施积极财政政策和稳健货币政策。在财政政策方面，政府减税降费，给予困难企业纾困资金，适度超前开展基础设施投资，扩大总需求，提高国民收入；在货币政策方面，稳健的货币政策灵活适度、保持流动性合理充裕，财政政策和货币政策协调联动，扩大内需，拉动经济增长。

案例分析 2

供给侧（Supply side）指供给方面，国民经济平稳发展取决于需求和供给相对平衡。供给侧结构性改革旨在调整经济结构，使要素实现最优配置，提升经济增长的质量和数量。需求侧改革主要有投资、消费、出口"三驾马车"，供给侧则有劳动力、土地、资本、制度、创新等要素。

目前我国经济总体上供给规模有余而品质不足，在理论界数年调研基础上，中央提出供给侧结构性改革，强调在适度扩大总需求的同时，着力加强供给侧结构性改革，着力提高供给体系质量和效率，使供给体系更适应需求结构的变化，使供给侧和需求侧得以合理匹配，增强经济持续增长动力。

参考文献

[1] 高鸿业.西方经济学 [M].北京：中国人民大学出版社，2018.

[2] 唐树伶.经济学基础 [M].北京：高等教育出版社，2018.

[3] 胡德华，吕昭江，陈锋.西方经济学基础 [M].浙江：浙江大学出版社，2013.

[4] 《西方经济学》编写组.西方经济学 [M].北京：高等教育出版社，2020.

参考文献

[1] 侯鹏生. 西方经济学 [M]. 北京: 中国人民大学出版社, 2018.
[2] 逯宇铎. 生态经济新编 [M]. 北京: 高等教育出版社, 2018.
[3] 姚清华. 自组织: 系统范畴的演化与变革 [M]. 武汉: 湖北人民出版社, 2013.
[4] 《西方经济学》编辑组. 西方经济学 [M]. 北京: 高等教育出版社, 2020.